Total clever

Erich Kasten & Uta Herbert

Total clever

Spielerische Kreativitäts-Übungen

Bibliographische Information Der Deutschen Bibliothek: Die Deutsche
Bibliothek verzeichnet diese Publikation in der Deutschen Nationalbi-
bliographie; detaillierte bibliographische Daten sind im Internet über
http://dnb.ddb.de abrufbar.

© 2007 Kasten & Herbert
Umschlaggestaltung: Uta Herbert
Redaktion: Erich Kasten, Uta Herbert
Herstellung und Verlag: Books on Demand GmbH, Norderstedt

ISBN-13: 978-3-8334-6463-8

Inhalt

I. Vorwort

Hat Ihr Nachwuchs wieder einmal eine Fünf im Aufsatz mit nach Hause gebracht? Sitzen Sie in Ihrem Job vor dem PC und Ihnen fällt nichts Neues mehr ein? Kreativität ist heute überall gefragt. Als die Sowjetunion in den 60er Jahren den ersten Satelliten in die Erdumlaufbahn schoss, kam es in den westlichen Nationen zum so genannten *„Sputnikschock"*. Man hatte eingesehen, dass Fleiß alleine nicht ausreicht, um weltbewegende Entwicklungen einzuleiten, sondern man muss auch Einfallsreichtum zeigen. Insbesondere die USA hat ihre Führung sowohl in der Wissenschaft wie auch bei der Erfindung neuer Produkte vor allem der Tatsache zu verdanken, dass dort Kreativität und Fantasie schon im Kindergarten stark gefördert werden. In Deutschland dagegen sind wir noch heute von unserer Schul- und Berufsausbildung her mehr dem sturen Auswendiglernen verhaftet.

Der Begriff *„Kreativität"* stammt von dem lateinischen *„creare"* was soviel wie *„erschaffen"* bedeutet. Kreativität wird meist der künstlerischen Arbeit zugeordnet, wenn hier ein besonders originelles und neues Kunstwerk geschaffen wird. Das ist jedoch nicht ganz richtig, denn auch im Alltag jedes Menschen sind wir tagtäglich gezwungen uns neue Dinge auszudenken und damit kreativ zu arbeiten. Es fängt damit an, dass man sich z.B. überlegen muss wie man sein Wohnzimmer neu einrichtet, wie man ein Festessen möglichst schmackhaft zusammen stellt, wie und mit welchen Blüten man einen Blumenstrauß bindet, was man in eine Glückwunschkarte an eine besonders nette Person schreibt, wie man den Chef überzeugt eine Gehaltserhöhung zu bekommen oder wie man eine defekte Pumpe repariert, wenn das passende Ersatzteil schon seit zehn Jahren nicht mehr hergestellt wird. Auch der Computer stellt eine kreative Herausforderung dar: Wenn der PC das *„wireless LAN"* einfach nicht erkennt und die Kommunikation zum *„Router"* stetig nicht klappt, dann erfordert es oft einiges an originellem Einfallsreichtum um herauszufinden, woran das liegen könnte?

In der Schule wird Kreativität nicht nur im Kunstunterricht gefordert, insbesondere der Deutschaufsatz wird deutlich besser bewertet, wenn hier originelle, interessante und spannende Sachverhalte geschildert werden, statt der für den ABC-Schüler typischen *und-dann-und-dann-und-dann*-Abfolge. In der Berufsausbildung und ganz besonders im Studium müssen häufig Hausaufgaben erstellt werden, die neue Ideen verlangen und in der heutigen Berufstätigkeit kann man seine Arbeitsstelle besonders gut absichern, wenn man durch neue Ideen glänzt. So wird ein Arbeiter, der oft Vorschläge macht wie man Produktionsabläufe verbessern kann, seinen Job eher behalten als jemand, der nur stur seine acht Stunden abarbeitet ohne dabei nachzudenken. Das gilt auch für viele andere Bereiche: Je mehr neue Ideen jemand liefert, um so wichtiger wird er oder sie für die Firma.

Kreativität bleibt nicht nur Pablo Picasso, Salvatore Dali oder Robert Crumb vorbehalten. Viel interessanter ist vielleicht die Frage wie man seinen Alltag neu, anders oder besser gestalten kann. Bei den meisten Menschen verläuft der Tagesablauf nach dem kreativitätskillenden *„Das-Übliche-Prinzip"*. Es dreht sich alles immer wieder im gleichen Karussell. Das mag zum einen auch ganz gut sein, denn Routine schafft Sicherheit. Aber andererseits sind Sie vielleicht mit manchen Dingen in Ihrem Leben gar nicht so zufrieden? Oft sind es nur Kleinigkeiten und es lohnt sich, ein *„Brainstorming"* zu machen, was optimiert werden könnte. Denken Sie doch einmal über ihren Tagesablauf nach: Sie stehen morgens auf, ziehen sich an, putzen die Zähne und essen Frühstück, fahren zur Arbeit - daran kann man ihrer Meinung nach nichts besser machen? Aber vielleicht sind Sie morgens immer müde und unentschlossen, was Sie sich anziehen sollen und brauchen eine kleine Ewigkeit für die Wahl der richtigen Kleidungsstücke? Eventuell ist es besser die passenden Klamotten schon am Abend vorher heraus zu hängen? Statt am frühen Morgen hektisch unter die Dusche zu springen, könnte man auch mal am Abend alleine oder mit dem Partner gemütlich in der Badewanne entspannen? Statt Zahnbürste mit Handbetrieb reinigt ein elektrisches Gerät die Beißerchen erheblich gründlicher und beugt der Parodontose vor. Was könnte man beim Frühstück verbessern? Vielleicht mehr frisches Obst und Joghurt statt der ewigen angebrannten Toastbrotscheiben? Jasmin-Tee statt der Kaffeebrühe, von der Sie zwei Stunden später Magenkrämpfe bekommen? Statt sich auf dem Weg zur Arbeit über zähflüssigen Berufsverkehr zu ärgern und Tag für Tag auf den Mortal-Kombat um einen Parkplatz einzulassen, könnte man auch gesundheitsförderlich mit dem Rad fahren oder in öffentlichen Verkehrsmitteln die Zeitung studieren. Oder vielleicht bringt zumindest an trockenen Tagen ein kleiner Motorroller Sie viel schneller ans Ziel? Also, lohnt es sich nicht eventuell doch, sich ein paar kreative Gedanken über Verbesserungen im eigenen Leben zu machen?

Dasselbe gilt noch mehr für den Job. Fast überall gibt es unproduktive Arbeitsabläufe, die für die Mitarbeiter unbefriedigend und für den Chef teuer sind. Oft sind es nur winzige Kleinigkeiten: Muss man für die interne Hauspost jedes Mal einen nagelneuen Briefumschlag verschwenden? Reicht nicht auch ein bereits benutzter? Oder kann man kurze Nachrichten oder Entwürfe nicht einfach mit der weißen Seite nach außen zusammenfalten, einmal heften und den Namen des Empfängers auf die weiße Rückseite schreiben? Oder für allgemeine Mitteilungen Email oder Netzwerk benutzen, statt sie -zigfach zu kopieren?

Leider unterstützen viele Firmen die Kreativität ihrer Mitarbeiter nicht. Neue Ideen von Angestellten werden oft nicht honoriert, sondern vom Chef als kostenlose Dreingabe betrachtet. Auf der anderen Seite werden teure Profis angeheuert, die dann Verbesserungsvorschläge für neue Produkte oder die Optimierung von Abläufen machen sollen. Das Problem ist, dass diese Profis sich erst in die Thematik einarbeiten müssen und die diversen internen Schwierigkeiten gar nicht kennen. Es dauert lange und kostet viel Geld hier Analysen durchzuführen. Viel geschickter ist es, den Mitarbeiter selbst anzuregen darüber nachzudenken, was verbessert werden könnte. Das gilt nicht nur für Angestellte, sondern auch für Kunden. Oft haben die Betroffenen wirklich herausragende Ideen und behalten diese für sich. Warum? Weil sie keinen Anreiz haben, sich zu engagieren, dass dieser Vorschlag in die Realität umgesetzt wird. Kreative Vorschläge sollten von der Geschäftsleitung immer angemessen honoriert werden, im optimalen Fall sogar mit einer Umsatzbeteiligung. Wer als Chef die guten Ideen seiner Mitarbeiter immer wieder abkanzelt oder, schlimmer noch, zunächst ablehnt und später als seine eigenen Vorschläge verkauft, wird langfristig auf ein riesiges Kreativitätspotenzial verzichten. Ein nicht wieder gutzumachender Fehler.

Der vorliegende Band gibt zunächst einige Anregungen wie man originelle Ideen entwickelt und stellt dann Übungen zusammen, mit denen man dieses kreative Denken trainieren kann.

II. Grundlagen: Wie arbeite ich kreativ?

Kreatives Arbeiten verlangt Flexibilität, d.h. geistige Beweglichkeit und Originalität. Besonders einfach haben es Menschen, die von Natur aus neugierig sind und sich nicht so sehr an vorgegebene Regeln halten. Dadurch sind Kinder oft sehr kreativ, denken sich selbst Spiele aus oder malen fantasiereiche Bilder; eine Fähigkeit, die bei vielen Menschen im Erwachsenenalter leider völlig verloren geht. Aber Kreativität ist auch etwas, das man erlernen kann, sie ist absolut nicht nur Genies vorbehalten. Eine Fülle von Techniken erlaubt es auch dem Laien künstlerisch tätig zu werden. Allzu leicht übersetzt man „Kreativität" damit, dass etwas völlig Neues geschaffen werden muss. Das ist nicht ganz richtig, denn man kann heutzutage so gut wie nichts absolut Neues mehr erfinden. Die meisten Erfindungen sind lediglich Weiterentwicklungen oder Verbesserungen von bereits Bestehendem. Sie sollten also die Messlatte nicht zu hoch ansetzen. Seien Sie nicht unzufrieden mit der Originalität Ihrer Arbeiten, wenn es etwas Ähnliches bereits gibt. Es ist schon viel wert, wenn Ihre Ideen ein kleines Bisschen besser sind als das, was bisher vorhanden war und benutzt wurde. Auch Automodelle, Bücher und Musikstücke gibt es reichlich und dennoch werden Jahr für Jahr neue entwickelt.

Wodurch unterscheiden sich kreative Menschen von weniger fantasiereichen? Kreativen Menschen fallen zu einer Frage mehr Antwortmöglichkeiten ein und sie können dann die beste auswählen. Menschen, denen es nicht so sehr liegt, originelle Ideen zu produzieren, bleiben an der ersten, naheliegenden Idee verhaften. Ein kleines Beispiel: Was stellen die Objekte in der linken Spalte dar?

	Wenig kreative Antwort	**Originelle Antwort**
	Ein Bilderrahmen.	Der leere Rahmen von dem Bild von Edvard Munch, das kürzlich aus dem Museum gestohlen wurde.
{ }	*Geschweifte Klammer auf, geschweifte Klammer zu.*	Zwei Gesichter, die voneinander weg blicken.

	Ein Rohr.	*Eine turmhohe Keksdose. Aber das Krümelmonster hat schon alle Kekse total aufgefressen.*
	Ein Kreis mit einem Viereck.	Eine spezielle Untertasse für eine viereckige Kaffeetasse.

Ein zweites Beispiel. Hier soll eine erste vorgegebene Satzhälfte ergänzt werden. Wir vergleichen wieder das langweilige mit dem fantasiereichen Ende:

Vorgabe einer Satzhälfte	Wenig kreatives Satzende	Originelles Satzende
Die kleine Lisa weinte...	*... weil ihre Puppe kaputt gegangen war.*	...als der Weihnachtsmann vor ihrer Tür stand und eines seiner Rentiere sich ein Bein gebrochen hatte.
Heinz öffnete den Brief...	*...den der Postbote ihm gebracht hatte.*	...der vor vierzig Jahren schon abgeschickt worden war, aber durch einen dummen Zufall hinter den Schreibtisch gerutscht und erst beim Abbruch des Gebäudes wieder aufgefunden worden war.
Katrin nahm den Telefonhörer ab...	*...und telefonierte mit ihrer Freundin.*	...zu ihrem Erstaunen meldete sich am anderen Ende E.T. und berichtete, dass er auf seinem Heimatplaneten gut angekommen war.

Um schöpferisch tätig werden zu können, muss man bereit sein eingefahrene Bahnen zu verlassen und auch ungewöhnliche Denkrichtungen einzuschlagen. Mit neuen, originellen Ideen stößt man nicht immer sofort auf Gegenliebe bei anderen Personen, daher hilft auch eine gewisse Frustrationstoleranz, wenn der gut gemeinte Vorschlag (zunächst) abgelehnt wird.

Ohnehin gibt es eine ganze Reihe von Kreativitäts-Killern, die verhindern, dass man fantasievolle Einfälle produzieren oder verwirklichen kann. Hierzu gehören insbesondere:

- **Beruflicher Stress:** unter Leistungsdruck kann man keine neuen Ideen haben. Je verbohrter und verbissener man versucht, ein Problem zu lösen, um so mehr verhakt man sich in alten Gedankengängen, die schon früher nicht zur Lösung geführt haben. Originalität verlangt Ruhe und Gelassenheit. Wer in seinem Job ständig etwas Neues entwickeln muss, wird bald merken, dass einem gerade deshalb nichts mehr einfällt, weil ein Zwang dahinter steht. Je mehr man unter zeitlichem Druck schwitzend und gestresst über ein Schwirigkeit nachgrübelt, um so mehr drehen sich die Gedanken im Kreis. Man hat dominante, vorherrschende Gedankenautobahnen in seinem Gehirn erzeugt, die man nicht mehr verlassen kann, da sie um so ausgetretener werden, je häufiger man sie durchläuft. Das einzige, was hier hilft, ist eine längere Pause und ein völlig entspannter Zustand, in dem man bewusst nicht mehr über das Problem nachgrübelt. Wenn man sich dann nach Stunden oder einer gut durchschlafenden Nacht der Aufgabe erneut zuwendet, kann man oft die Seitenwege erkennen, die zur Lösung führen.

- **Angst:** Was für Stress gilt, gilt noch mehr für Angst. Ein Schüler, der hinsichtlich der nächsten Versetzung ohnehin auf der Kippe steht und nun mit Panikgefühlen im Magen versucht einen besonders guten Deutschaufsatz zu schreiben, wird gerade dadurch nichts Vernünftiges produzieren. Kreativität setzt Entspannung voraus. Je angespannter man ist, um so mehr engt das Denken sich ein. Es fokussiert sich schließlich nur noch auf einen winzigen Ausschnitt des Gesamten. Im entspannten Zustand wird es breiter und wir erkennen plötzlich viel mehr alternative Möglichkeiten. Psychologen empfehlen hier das Erlernen von Entspannungstechniken wie z.B. der Progressiven Muskelentspannung, dem Autogenen Training oder der Meditation. Wer eines dieser Verfahren erlernt und eine längere Zeit über dann auch regelmäßig praktiziert hat, kann auch in einer Stress-Situation, ohne Angst und Panik zu entwickeln, ruhig und entspannt bleiben und damit auch unter Druck kreativ arbeiten.

- **Schnelligkeit:** fällt in dieselbe Rubrik. Wenn Sie einen Auftrag möglichst schnell erledigen müssen, dann bleibt nicht viel Zeit, sich viele Alternativen auszudenken und die kreativste davon auszuwählen und auszuarbeiten. Zwangsläufig verrennt man sich in der erstbesten. Allerdings ist die *„Erstbeste"* meist nicht wirklich die Beste. Um optimale, originelle und fantasiereiche

Arbeiten zu produzieren, ist immer eine gewisse Langsamkeit gefragt. Tolle neue Einfälle kann man leider nicht auf Befehl produzieren, sie kommen spontan und da muss man sich erlauben auch einmal abzuwarten und eine schöpferische Pause einzulegen.

- **Pessimismus und Depressivität:** Wer von vorne herein nicht daran glaubt, eine neue Idee entwickeln zu können, wird es auch nicht schaffen. Die *Das-kann-ich-sowieso-nicht*-Haltung verhindert, dass einem überhaupt irgendetwas einfällt. Pessimisten sitzen oft stundenlang vor einem leeren, weißen Blatt und malen keinen Strich oder schreiben kein Wort darauf, weil sie von vorne herein jede Idee als schlecht verwerfen. Man nennt dies unter Künstlern und Schriftstellern auch die *„Angst vor dem weißen Blatt"*. Allzu leicht gerät man hier dann sogar in den Zustand der Denkblockade. Besser ist es, zunächst einfach anzufangen, mehrere Alternativen aufzuschreiben oder aufzumalen und dann die beste auszuwählen und weiter zu entwickeln. In diesen Bereich gehören auch Denkweisen wie *„Ich bin zu jung / zu alt dazu"* oder: *„Ich konnte schon in der Schule nicht zeichnen"*. Niemand ist zu alt, um seine Ideen zu verwirklichen und zu jung schon gar nicht, da Kinder von Natur aus fantasiereich sind. Und wenn Sie als Schulkind nicht zeichnen konnten, heißt das vielleicht nur, dass Sie es niemals richtig gelernt haben.

- **Routine:** Je mehr man mit Abläufen vertraut ist, die sich stetig wiederholen und je weniger man darüber nachdenkt, ob diese nicht eventuell verbesserungswürdig sind, um so weniger wird man sich neue Ideen ausdenken. Die geistige *„Das-war-schon-immer-so-Einstellung"* würgt jede Neuerung von vorne herein ab. Das gilt leider ganz besonders für alternde Vorgesetzte, die dann herausragende Vorschläge von Mitarbeitern schlichtweg ablehnen. Wenn Sie unzufrieden mit Ihrem Job sind, statt daran herumzumeckern, sollten Sie lieber nachdenken was geändert werden kann, um die Arbeitszufriedenheit und damit auch die Produktivität zu steigern!

- **Konformismus:** Mit der Meinung anderer Menschen konform zu sein bedeutet sein Fähnchen stets nach dem Wind auszurichten. Wer nur das nachplappert, was andere sagen, keine eigene Meinung entwickelt und wer sich stets danach richtet, was die Medien einem weismachen, wird auch selten besonders fantasievolle und neue Ideen entwickeln können. Non-konforme Individualisten, die dazu neigen gegen den breiten Strom der Masse zu schwimmen, entwickeln oft auch neue Ideen. So stammen insbesondere aktuelle Trends in der Mode oder der Musik aus solchen non-konformen Subgruppen wie Hippies, Rockern oder Punks.

„Genie und Wahnsinn liegen nahe beieinander" behauptet schon der Volksmund und es ist tatsächlich etwas Wahres daran. Was eine Geistesstörung wie die Schizophrenie ausmacht ist unter anderem, dass der Erkrankte unter einer maßlosen Fülle von Assoziationen leidet und wichtige Verknüpfungen nicht mehr von unwichtigen trennen kann. Zu jedem Begriff sucht das menschliche Gehirn sofort Beziehungen zu benachbarten Worten und das Denken des Gesunden wählt dann die wichtigste aus. Man bezeichnet dies als konvergentes Denken. Damit löst man z.B. mathematische Rechenaufgaben wie *12 : 4 = ?* oder Textaufgaben wie *„Drei Arbeiter nageln in einer Stunde 15 Paletten zusammen. Wie viele Arbeiter muss man einstellen, um an einem achtstündigen Arbeitstag 1.200 Paletten herzustellen?"*

Es gibt für diese Aufgaben nur eine richtige Lösung und der größere Teil der im Alltag anfallenden Arbeiten verlangt konvergentes Denken. Das Gegenteil des konvergenten Denkens ist das divergente Denken. Hier geht es darum etwas Neues zu erfinden und das klappt mit den zielgerichteten Gedanken nicht mehr. Man muss versuchen, auch unlogisch erscheinende Assoziationen zuzulassen. Viele Künstler, Maler, Musiker, Buchautoren wie auch Filmregisseure sind deshalb berühmt geworden, weil sie über genau diese Fähigkeit verfügen. Während der größere Teil der Bevölkerung eingleisig und stur zielgerichtet denkt, lassen diese Künstler ihre Assoziationen in alle Richtungen zerfließen und widmen sich dann den abwegigsten aber zugleich auch interessantesten Ideen.

Während wir konvergenten Denkvorgängen durchaus auch im überfüllten Büro nachgehen können, verlangt assoziationsreiches, divergentes Denken immer eine ruhige, entspannte Situation. Je verkrampfter man an der Lösung eines Problems, das Fantasie verlangt, herumbohrt, um so weniger wird es gelingen. In entspannten Situationen dagegen, sogar in der Badewanne, beim Einschlafen oder bei einem ruhigen Spaziergang, wenn die Gedanken frei und ungehemmt fließen, klappt es viel mehr, auch auf neue Ideen zu kommen. Originalität kann man nicht erzwingen. Oft hat man die besten Ideen, wenn man gar nicht damit rechnet und vergisst sie dann wieder! Daher ist es sinnvoll, stets einen kleinen Block und einen Stift mit sich zu tragen und solche Ideen aufzuschreiben.

Kreatives Arbeiten ist aber nicht mit divergentem Denken gleich zu setzen, sondern verlangt beides. Zunächst muss man über Assoziationsreichtum, breites Betrachten des Problems und geistiger Offenheit versuchen neue Ideen zu produzieren. Im zweiten Schritt ist dann aber konvergentes Denken gefragt, um aus der Masse produzierter Ideen eine auszuwählen, die am besten geeignet erscheint das Problem zu lösen und diese dann bis zur Reife weiterentwickeln.

Konvergentes Denken	Divergentes Denken
Es gibt nur eine richtige Lösung.	Es gibt sehr viele Lösungsmöglichkeiten, die alle mehr oder weniger gut sind.
zielgerichtet, logisch, rational	spielerisches Assoziieren, Zulassen verrückter Ideen
meist langweilig- trocken	interessant und fantasievoll
benutzt stets den selben Lösungsweg oder Arbeitsablauf	erfindet neue Möglichkeiten

Assoziationsfelder
(logisches Denken)

Linke Hirnhälfte   **Rechte Hirnhälfte**

Sprache,   Musik,
Lesen,   räumliche Orientierung
Schreiben,
Rechnen

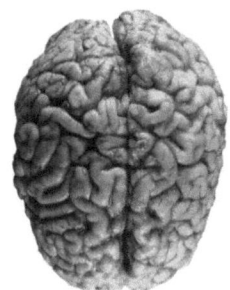

Sehzentrum

Lange Zeit wurde postuliert, Kreativität sei eine Funktion der rechten Hirnhälfte. Man glaubte, das konvergente, logisch-stringente Denken säße in der linken Hirnhälfte und künstlerisches, kreatives Schaffen sei vor allem eine Funktion der rechten Hirnhemisphäre. Diese Ansicht ist in dieser Einfachheit nicht ganz richtig. Tatsächlich ist es so, dass bei den meisten Menschen die Sprache in der linken Hirnseite liegt und die rechte nur über schwache verbale Fähigkeiten verfügt; dies wurde als Dominanz der linken Hirnhälfte bezeichnet. Diese Vorherrschaft stammt aber nur daher, dass wir versuchen viele Schwierigkeiten durch wortgewaltige Denkvorgänge zu lösen. Tatsächlich ist es so, dass für die Lösung der meisten Probleme beide Hirnhemisphären gefordert werden und gleichermaßen aktiv sind. Je komplexer ein Problem ist, um so mehr wird das gesamte Gehirn aktiviert. Die rechte Hemisphäre verfügt bei den meisten Menschen, auch wenn sie nicht so gut sprechen kann, über bessere musikalische und bildhafte Fähigkeiten. Der Lösung eines Problems kommt man daher oft besser näher, wenn man nicht nur in Worten darüber nachdenkt, sondern auch die Information aus anderen Sinneskanälen zulässt. Das können Bilder, Musik, Gefühle, aber auch Gerüche, Geschmacksrichtungen oder körperliche Empfindungen sein. Die Unterscheidung zwischen rechter und linker Hirnhälfte ist ohnehin nur akademisch, da über das *„Corpus callosum"*, der Hauptverbindung zwischen den Hirnhälften, ständig ein riesiger Datenfluss zwischen den Hemisphären vorhanden ist. Man muss diese Hilfen aus der wenig sprachbegabten Hemisphäre nur zulassen, damit einem etwas völlig Neues einfällt. Danach ist noch genug Zeit, es in Worte zu packen. Ein Großteil sämtlicher Schwierigkeiten löst man ohnehin mit dem so genannten Assoziationskortex, der in den beiden vorderen Hirnhälften liegt und vor allem dem logischen Denken dient. Wenn man mit bildhaften Vorstellungen arbeitet oder das Zeichnen beim kreativen Denken benötigt wird, spielen außerdem das Sehzentrum im Hinterkopf und die benachbarten Areale eine wichtige Rolle.

Der Ablauf des kreativen Denkens ist damit in zwei Stufen vorgegeben:
1. Assoziationsreiches, spielerisches, bildhaftes Zulassen aller noch so verrückter Ideen, völlig ohne Eingrenzungen, im entspannten Zustand mit divergentem Denken.
2. Auswahl und systematische Ausarbeitung der besten Idee mit konzentriertem konvergentem Denken. Prüfung des Nutzens und der Anwendbarkeit. Weitere Ausarbeitung.

Während wir, wie schon eingangs gesagt, durch unsere Schul- und Berufsausbildung für den zweiten Punkt hervorragend ausgebildet wurden, haben die meisten Menschen mit der ersten Stufe große Schwierigkeiten. In der Vergangenheit wurden daher schon diverse unterschiedliche Techniken ausgearbeitet, um neue Ideen zu entwickeln. Die wichtigsten sollen hier kurz vorgestellt werden. Das meiste kreative Arbeiten unterliegt dem Zwang, die Lösung für ein beruflich vorgegebenes Ziel zu finden, etwa der Verbesserung eines Arbeitsablaufes, dem Erfinden eines Werbe-Slogans, der Erstellung eines Text-Bausteines oder dem Zeichnen eines Firmen-Logos. Deshalb wird im folgenden Text immer von Techniken zur Lösung eines „Problems" gesprochen. Natürlich gelten alle Ratschläge auch für die Freizeit, wenn es nur darum geht, sich genüsslich mit Malerei, Zeichnungen, dem Schreiben privater Briefe, der Ausarbeitung einer Rede für eine Feier oder der poetischen Dichtung zu beschäftigen. Es gibt einige Kreativitätstechniken, die Sie zur Lösung der Aufgaben in diesen Buch benutzen können.

- **Zieldefinition:** So simpel das klingen mag, aber bevor man überhaupt kreativ werden kann, muss man eingrenzen, welches Ziel damit überhaupt erreicht werden soll? Oft ist das Ziel in Arbeitsabläufen oder von den Vorgesetzen schon haarklein vorgegeben, aber eben so oft hat man selbst nur unklare Vorstellungen. Man möchte *„das Wohnzimmer verändern"*, die *„Beziehung verbessern"*, eine *„Hochzeitszeitung"* anfertigen, in seiner Freizeit irgendwie

„künstlerisch tätig" werden oder muss *„eine Rede"* halten. Bevor man hier Kreativitätstechniken einsetzen kann, sollte man das Problem oder das Ziel möglichst klar definieren.

- **Freie Assoziation:** Die *„freie Assoziation"* ist eine Technik, die ursprünglich aus der psychoanalytischen Therapie von Sigmund Freud stammt, der damit unbewusste und verdrängte Komplexe aufdecken wollte. Hier liegt der Patient entspannt auf einer Couch und der Therapeut fordert ihn auf, stets den ersten Gedankengang auszusprechen, der ihm in den Sinn kommt, auch wenn dieser seltsam, unpassend, albern, obszön, böse oder unanständig ist. Die freie Assoziation lässt sich aber ebenso als Kreativitätstechnik benutzen, indem Sie zu einem Problem oder einem Begriff einfach, völlig ohne jede Zensur, alle Begriffe aufschreiben, die Ihnen in den Sinn kommen. Wenn Sie diese Wortliste später durchgehen, werden Sie viele gute Ideen darin finden, bei denen es sich lohnt, sie weiter zu verfolgen. Was zum Beispiel, lässt sich an das Wort „SONNE" assoziieren?

> ***Sonne:*** *Sonnenbrille, Strahlen, heiß, Sommer, Sonnenbrand, Strand, Bikini, Sonnenstudio, Solarium, Sonnenflecken, Sonnensystem, Galaxien, Raumschiffe, Feuer, brennen, Lichtstrahlen, Hitze, schwitzen, braune Haut, Wüste, Durst...*

- **Brainstorming:** Hierbei handelt es sich um eine Anwendung der freien Assoziation in der Gruppe. Alle Mitglieder werden aufgefordert spontan ihre Ideen zu einem Problem zu äußern, ein Leiter schreibt diese Ideen auf eine Tafel oder eine Overhead-Folie. Während dieser Phase der Vorschläge gibt es weder Diskussion noch Kritik. Erst in der zweiten Phase wird die Sammlung dann ausgewertet und nach Originalität und Durchführbarkeit in eine Abfolge gebracht.

- **Mindmapping:** Diese Technik lässt den Assoziationsbaum strahlenförmig wachsen. Man geht von dem Problemwort aus, das man in die Mitte eines leeren Blattes schreibt und einkreist. Dann schreibt man ringförmig alle Worte darum herum, die einem spontan zu diesem Kernbegriff einfallen und hat damit die zweite Hierarchie-Ebene geschafft. Nun schreibt man zu einigen dieser ersten Assoziationen alle Worte auf, die einem hierzu einfallen und entwickelt dabei eine dritte Ebene. Je nach Art des Problems kann man dann zu einzelnen dieser Worte eine vierte und fünfte Ebene von Assoziationen aufschreiben. Im nächsten Schritt wird nun versucht, zwischen dem ursprünglichen Kernbegriff in der Mitte des Blattes und einzelnen Assoziationen auf den äußeren Ebenen eine Beziehung herzustellen, die dann oft durchaus sehr originell sein kann.

Beispiel:

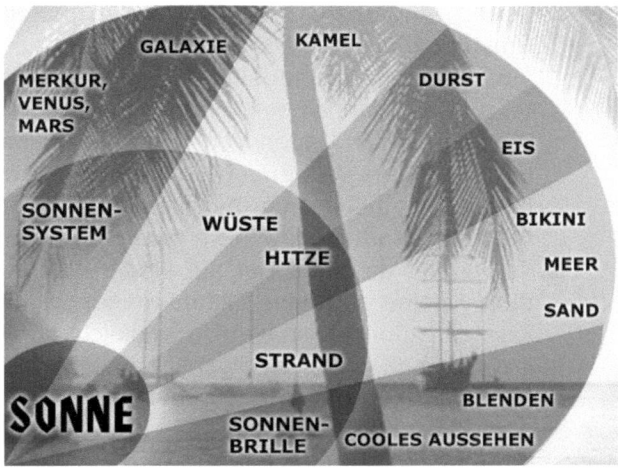

- **Walt-Disneys Denkstühle**: von dem berühmten Erfinder zahlreicher Comic- und Trickfilmfiguren heißt es, dass er zur Produktion seiner neuen Ideen drei unterschiedliche Stühle benutzt hat. Der erste ist der „Stuhl des Träumers". Hier werden fantastische Einfälle produziert, völlig ohne Rücksicht auf die Durchführbarkeit. Gerade das Unmögliche ist am begehrtesten. Der zweite Stuhl ist der des „Realisten". Hier werden die verrückten Ideen des Träumers weitergeführt und so verändert, dass sie durchführbar werden. Schließlich kommt der „Stuhl des Kritikers". Lohnt sich der Aufwand? Was werden Fachwelt und Publikum sagen? Sind die Kosten zu hoch? Disney hat sich die Ideen des Träumers zunächst notiert und dann in relativ rascher Folge die Stühle gewechselt und seine Ideen dabei modifiziert. Herausgekommen sind bekanntlich wundervolle Dinge.

- **DeBonos Denkhüte** funktionieren ähnlich wie Disneys Stühle, die Methode kann aber auch in Gruppen durchgeführt werden, wobei die Hüte jeweils weitergegeben werden. Er unterschied den weißen Hut (Informationen und Tatsachen zu einem Problem), den roten Hut (Gefühle und Intuition), den schwarzen Hut (Kritik und Bedenken), den gelben Hut (Vorteile und Optimismus), den grünen Hut (Originalität, schöpferische Kraft, Potential und Wachstum) und den blauen Hut (übergeordnete Vogelperspektive). Am Anfang erscheint DeBonos Hutmethode ziemlich albern und manche Mitarbeiter werden sich weigern mitzumachen. Aber einmal ausprobiert, wird man feststellen, dass auch ein gehöriger Spaßfaktor in dem Rollenwechsel steckt.

- **Osborn-Checkliste**: Alex Osborn hat eine Checkliste entworfen, mit der man prüfen kann, ob und wie man einen Gegenstand verändern, verbessern oder sonstwie weiter entwickeln kann. Er stellt folgende Fragen: 1. Anders verwenden; 2. Anpassen; 3. Ändern; 4. Vergrößern; 5. Verkleinern; 6. Ersetzen; 7. Umstellen; 8. Umkehren; 9. Kombinieren und 10. Transformieren. Nehmen wir ein abstruses Beispiel, und unterwerfen einen Elefanten der Osborn-Checkliste. 1. Das trampelnde Savannentier wird ja z.B. zum Schleppen von Baumstämmen oder Tragen von indischen Maharadschas und Tierparkbesuchern bereits anders verwendet. 2. Anpassen könnte man das Tier an eine Sumpflandschaft, indem man ihm besonders breite Füße verpasst. 3. Walt Disney hat den Elefanten verändert, indem er ihn mit seinen Ohren hat fliegen lassen. 4. Dali hat dasselbe Tier auf einem Bild vergrößert durch unglaublich lange, dünne Beine. 5. Kleine Elefantenfiguren gibt es schon als Kinderspielzeug. 6. Ersetzen könnte man das Tier vielleicht durch eine Mammut-Züchtung. 7. Umstellen? Ein Elefant mit zwei Elfenbeinhörnern auf der Stirn statt der Stoßzähne? 8. Umkehren? Wie würde das größte Landtier dieser Erde aussehen mit dem Rüssel am Hinterteil und stattdessen dem kleinen Schwanz im Gesicht? 9. Kombinieren: Ein Elefantenkopf auf dem Körper eines Eichhörnchens könnte recht lustig aussehen. 10. Transformieren: Wie wäre es mit einem durchsichtigen Rüsseltier, z.B. aus Eis?

- **Mentale Provokation**: Machen Sie eine Aussage zu Ihrem Problem, die völlig abstrus, unsinnig und widersprüchlich ist und lassen Sie sich davon inspirieren, welchen Teil dieser Idee man trotzdem weiterspinnen und in die Realität umsetzen könnte? Etwa: *„Alle Menschen kommen als Greis auf die Welt und werden dann immer jünger"*. Oder: *„Wir verschenken unser Produkt an die Kunden"*. Oder: *„Alle Ampeln, Straßenschilder und Verkehrszeichen werden abgeschafft"*. Oder: *„Das ganze Jahr über ist schönes Wetter mit strahlendem Sonnenschein"*. Oder: *„Alle Mitarbeiter dieser Firma arbeiten kostenlos."* Am besten geeignet sind Aussagen, die im völligen Widerspruch zu ihrem Ziel stehen. Sie wollen ein Produkt verkaufen? Dann fragen Sie sich, was Sie alles tun können, damit kein Mensch dieses Ding kauft (z.B. weil es nach Ablauf der Garantie sofort kaputt geht) oder es vielleicht sogar total verhasst ist, weil negative Assoziationen geweckt werden. United-Colors-of-Bennetton ist berühmt geworden, weil diese Firma Werbung mit sehr grausamen Bildern gemacht hat, weit abseits der üblichen Friede-Freude-Eierkuchen-Reklame von langhaarigen dünnbekleideten Blondinen.

- **Funktionsanalyse**: Sehr viel trockener als die anderen fantasievollen Kreativitätstechniken ist die Funktionsanalyse, bei der es meist nur darum geht, ein Produkt zu verbessern oder kostensparender herzustellen. Aber auch das verlangt Einfallsreichtum. Eine solche Analyse umfasst mehrere Schritte: 1. Wie und womit wird diese Funktion bisher erfüllt? 2. Wieviel kostet das? 3. Wie könnte man dieselbe Funktion besser erfüllen? 4. Wieviel würde das kosten? Wenn Sie beispielsweise Ihren Garten an heißen Tagen mit teurem Leitungswasser feucht halten, dann lohnt sich eine solche Prüfung: Vielleicht kommen

Sie mit einem Brunnen oder einer Regentonne besser weg oder können weitgehend unverschmutztes, gebrauchtes Wasser aus dem Haushalt sammeln und doppelt nutzen?

- **Visualisierung:** Legen Sie sich hin, entspannen Sie sich und schließen Sie Ihre Augen. Stellen Sie sich dann bildhaft, möglichst ohne in Worten darüber nachzudenken, das Problem vor. Warten Sie passiv ab und schieben Sie alle Gedanken an Alltagsprobleme, die nun versuchen sich hier aufzudrängen, an die Seite. Bleiben Sie bei dem Bild Ihres „Problems". Nach einiger Zeit, je entspannter Sie werden, entstehen dann traumartige Vorstellungen. Da Sie sich ja immer noch das Bild Ihres zu lösenden Problems geistig vorstellen, haben diese Traumbilder oft etwas damit zu tun und beinhalten vielleicht eine Lösung. Versuchen Sie sich diese Bilder zu merken und schreiben Sie diese sofort auf, wenn Sie den Entspannungszustand beenden. Falls Ihr Chef ausgerechnet zu dem Zeitpunkt hereinkommt, während Sie auf dem Teppich liegen und mit dem Visualisieren beschäftigt sind, dann verweisen Sie auf den Text in diesem Buch.

- **Erleuchtung:** Manchmal, wenn man mit der Lösung eines Problems nicht weiterkommt, empfiehlt es sich, einfach aufzuhören und etwas ganz anderes zu tun. Interessanterweise hört das Gehirn dann trotzdem nicht völlig auf, über das Problem nachzugrübeln. Von vielen Erfindern, zum Teil sogar von Nobelpreisträgern gibt es Berichte, dass ihnen die Ideen für wegweisende Erfindungen ausgerechnet beim Einschlafen, beim Spazierengehen oder sogar auf dem WC gekommen sind. Selbst dann, wenn sie zu diesem Zeitpunkt gedanklich mit etwas völlig anderem beschäftigt waren. Plötzlich und überraschend macht es „Plopp!" Im Gehirn und eine faszinierende, neue Idee ist geboren. Verlass ist auf diese Technik natürlich nicht, aber als allgemeiner Ratschlag wäre hier zu geben, dass solche bahnbrechenden Gedankenblitze eher in Pausen oder in ruhigen Situationen auftreten.

- **Verrückte Ideen:** Viele Künstler sind nur deswegen berühmt geworden, weil sie zumindest „ein klein wenig verrückt" waren. Ihre Ideen zu einem Thema waren mitunter so abstrus, dass sie eben schon wieder höchst originell waren. Für Bilder von Picasso zum Beispiel zahlt man heute unglaubliche Beträge nur deshalb, weil er mit dem von ihm erfundenen Kubismus eine völlig neue Kunstrichtung geschaffen hat. Die meisten dieser Bilder sind absolut nicht schön anzusehen oder besonders ästhetisch. Aber sie sind eben kreativ. Tun Sie also niemals eine Idee vorschnell als unsinnig, blöd oder total verrückt ab. Meist sind es gerade diejenigen Assoziationen, die einem zunächst als absolut unpassend erscheinen, die dann zum Erfolg führen.

- **Systematische Ideensuche:** Suchen Sie sich Material, das mit dem Problem, das Sie lösen wollen irgendetwas zu tun hat. Das können Prospekte sein, Werbebroschüren, Bücher, Zeitschriften, Musikstücke oder Webseiten im Internet. Schauen Sie sich dieses Material in Ruhe durch und prüfen Sie, ob sich hierdurch neue Ideen ergeben.

- **Zufallssuche**: Mitunter hilft die Zufallssuche, um auf eine neue Idee zu kommen. Nehmen Sie ein Lexikon oder eine beliebige Zeitschrift zur Hand und schlagen Sie zufällig irgendeine Seite auf. Tippen Sie auf dieser Seite, soweit möglich am besten mit geschlossenen Augen, auf ein Wort oder ein Bild. Versuchen Sie nun irgend eine, sei es auch noch so verrückte, gedankliche Beziehung zwischen ihrem Problem und dem Wort oder Bild herzustellen.

- **Ideenklau:** Die meisten Probleme, zu denen Sie eine kreative Lösung bringen sollen, sind nicht neu, sondern irgendwann schon einmal von anderen bearbeitet worden. Die Beschäftigung damit, welche Lösungen andere gefunden haben, kann die eigene Originalität leider verhindern, da man dadurch sofort auf eine gedankliche Schiene gebracht wird, die man später schlecht verlassen kann. Wenn einem gar nichts einfällt, kann es aber hilfreich sein, sich mit den Arbeiten anderer zu befassen. Oft werden Sie feststellen, dass hier Lösungen gefunden werden, die Ihnen ziemlich mager erscheinen und für die Sie viel bessere Ideen haben. Und schon haben Sie eine Alternative, die Sie nun weiter entwickeln können.

- **Katalogisierung:** In einzelnen Bereichen hilft es, einen Katalog von Eigenschaften des Objektes zu erstellen und dann aufzuschreiben, in welchen Ausprägungen das jeweilige Merkmal rein theoretisch vorkommen kann. Eine solche Katalogisierung kann z.B. umfassen: Form, Farbe, Material, Größe, Gewicht, Funktion, Zweck, Motive, Anschlüsse, Design, akustische Signale usw. Zu jeder Eigenschaft schreibt man dann, ohne Rücksicht auf das gerade akute Problem, alle Ausprägungsgrade auf, die theoretisch in Frage kommen (zu Farbe z.B.: grün, rot, blau, gelb,...). Durch Variation und Veränderung der einzelnen Merkmale kann man dann neue Formen des Gegenstandes schaffen oder, indem man eigentlich unmöglich erscheinende Merkmale auswählt, ein völlig neues Produkt.

- **Gedankliche Umkehr:** Oft ist man bestimmten Lösungswegen so verhaftet, dass man auf nichts Neues mehr kommt. Hier kann es helfen, gegenteilige Wortlisten aufzuschreiben, die im Widerspruch zu dem Begriff stehen oder absolut gar nichts damit zu tun haben. Im zweiten Schritt versucht man nun, gerade eben doch eine gedankliche Verbindung zu schaffen.

- **Motivation der Zielgruppe:** Viele kreative Probleme müssen im Hinblick auf einen Verbraucher oder Benutzer entwickelt werden. Das kann der Vorgesetzte sein, der Lehrer in der Schule, der Leser einer Zeitschrift oder der Kunde eines Produktes. Um hier Ideen zu entwickeln ist es ganz besonders wichtig sich zu überlegen: Welches ist die Zielgruppe? Was will der Endverbraucher? Versuchen Sie, auch wieder im entspannten Zustand, sich in den potenziellen Konsumenten Ihrer kreativen Arbeit hinein zu versetzen. Was erwartet der von Ihnen? Wann würden Sie persönlich einen Artikel lesen, ein Buch kaufen oder ein Produkt erwerben?

- **Externe Hilfe anfordern:** Manchmal fällt einem, trotz aller Kreativitätstechniken, zu einem Problem einfach nichts mehr ein, die Gedanken haben sich fest verknotet und, insbesondere wenn man unter Zeitdruck steht, man kommt einfach nicht voran und sitzt fluchend am Schreibtisch oder vor dem defekten Gerät, das man reparieren wollte. Hier hilft es, eine andere Person zu Rate zu ziehen. Im optimalen Fall einen Fachmann. Aber in vielen Fällen können selbst völlig unkundige Familienmitglieder oder Bekannte eine große Hilfe sein. Wenn sich jemand völlig naiv an Ihr Problem heranwagt, dann kommt man ausgerechnet aus dieser Unkenntnis heraus mitunter auf einen Lösungsweg, den Sie die ganze Zeit übersehen haben, gerade weil Sie sich mit der Materie auskennen. Bestes Beispiel sind Probleme am PC, die man auch nach –zig Versuchen nicht lösen kann, weil man immer und immer wieder dieselben Icons anklickt. Gerade die völlig ahnungslose Person klickt dann auf eine Rubrik, die Sie bislang für absolut ungeeignet gehalten haben. Aber wie das Schicksal und Bill Gates es so wollen, gerade dort liegt dann vielleicht die gesuchte Möglichkeit das Programm einzustellen.

- **Bionik:** In manchen Fällen kann es hilfreich sein, sich zu überlegen wie die Natur ein Problem löst. Was tun Pflanzen oder Tiere, wenn sie mit derselben Schwierigkeit konfrontiert werden? Viele technische Errungenschaften, die wir haben, sind in der Tat von Naturphänomenen abgeleitet worden. Die Blätter eines Baumes sind z.B. so angeordnet, dass die dünnen, verzweigten Wurzelenden mit dem meisten Regenwasser versorgt werden und die dicken Wurzeln in der Nähe des Stammes kaum bewässert werden. Dachziegel eines Hauses funktionieren ähnlich und dienten früher mehr noch als heute auch dem Sammeln von Regenwasser. Sagen Sie bitte niemals frühzeitig, Ihr Problem käme in der Natur nicht vor, gerade völlig krumm erscheinende Ähnlichkeiten können zu neuen Ideen führen.

- **Teilprobleme isolieren:** Komplexe Probleme, die vor einem liegen wie ein unüberwindbarer Mount Everest, sollte man zunächst in Teilprobleme aufspalten und diese dann einzeln bearbeiten. Wenn Sie z.B. eine Werbebroschüre über ein Hotel erstellen sollen, dann könnte man zum einen Teil aufspalten nach technischen Gesichtspunkte: (a) Texte, (b) Fotos und (c) Webseite im Internet. Außerdem könnte man untergliedern in Sachbereiche wie z.B.: (1) Standort des Hotels, (2) Anmeldung, Registration, Rezeption, (3) Art und Einrichtung der Zimmer, (4) Preise, (5) Restaurantbereich (Frühstück, Mittag, Abendessen), (6) Bar, (7) Außenanlagen, (8) Schwimmbad usw.

- **Spaß haben:** Bei größeren Problemen fangen Sie am besten an, zunächst die Bereiche zu bearbeiten, die Ihnen am leichtesten fallen und vielleicht sogar Spaß machen. Wenn Sie gerne fotografieren, dann machen Sie zunächst z.B. die Fotos von dem o.g. Hotel. Wenn Sie lieber schreiben, dann erstellen Sie zunächst die Texte. Wenn Sie gerne mit Menschen reden, dann sprechen Sie als erstes mit dem Chef des Hotels, mit Mitarbeitern und Gästen und stellen sich daraus Material zusammen. Hierdurch entsteht eine positive Einstellung zu dem Auftrag, den Sie ausarbeiten müssen und Sie fühlen sich nicht so unter Zwang gestellt. Außerdem haben Sie dann rasch einen Grundstock und mit jedem weiteren Arbeitsschritt wird der Anteil des Bewältigten immer größer. Durch den ersten Arbeitsschritt kommen meist auch diverse Ideen für die Bearbeitung der anderen Teile.

- **Und-nochmal-das-Ganze:** Sie haben eine originelle Idee gehabt und bis zur Produktreife entwickelt, stellen nun aber fest, dass das fertige Ergebnis Ihren Erwartungen doch nicht so ganz entspricht. Es ist nett, aber nicht optimal. Wer kreativ arbeiten will, muss eine hohe Frustrationstoleranz haben und einen Entwurf auch einmal zur Seite schieben. Nicht ganz wegwerfen bitte, vielleicht stellt sich später heraus, dass die Idee doch nicht so übel war. Aber in vielen Fällen kann es gut sein, einfach nochmals vorne anzufangen und eine zweite Alternative auszuarbeiten. Tabula rasa: Fangen Sie erneut ganz bei Null an. Auch wenn es schmerzt und viel Zeit kostet, aber im heutigen Arbeitsleben setzt sich leider nur derjenige durch, der optimale Arbeiten vorlegen kann. Also kann es insgesamt gesehen durchaus lohnenswert sein, zu einem Projekt mehrere Möglichkeiten auszuarbeiten und dann die Allerbeste auszuwählen.

Damit es nicht zu trocken wird, nun erst einmal einige Beispiele von Lösungsansätzen verschiedener Probleme, in denen diese Kreativitätstechniken benutzt werden können.

1. Beispiel:

Sie möchten in Ihrer Freizeit ein Bild malen und sitzen nun vor dem leeren Blatt und es fällt Ihnen einfach nicht ein, was Sie zeichnen können.

Lösungsvorschlag: Hier verhindert die oben erwähnte *„Angst-vor-dem-leeren-Blatt"* das Anfangen. Man könnte z.B. einfach einige verrückte Linien auf das Papier zeichnen und dann versuchen Ideen zu entwickeln, was sich daraus zeichnen ließe? Schreiben Sie diese Ideen auf einen Notizzettel und wählen Sie die originellste aus.

Was haben Sie in der Vergangenheit gemalt? Welches Bild gefällt Ihnen davon besonders gut? Gibt es etwas Ähnliches, das Sie zeichnen möchten?

Schreiben Sie alle Ideen, was man malen könnte mit Hilfe der freien Assoziation auf einen Zettel und sortieren Sie diese dann nach dem Spaßfaktor.

Auch mit der Visualisierungstechnik könnte man in diesem Fall auf eine Idee kommen: Hinlegen, entspannen und einfach auf ein besonders schönes Traumbild warten. Das versucht man dann im Gedächtnis zu behalten und auf dem Blatt zu skizzieren.

Blättern Sie einen Kunstbildband durch. Was haben berühmte Künstler gemalt? Welches dieser Bilder fasziniert Sie besonders? Könnten Sie etwas Ähnliches, vielleicht sogar Besseres zu Papier bringen?

2. Beispiel:

Ihr Chef ist plötzlich mit dem Text nicht mehr einverstanden, den Sie seit Jahren benutzen, um zahlungsunwillige Kunden zu mahnen. Er behauptet, dass der Brief nicht mehr modernen Standards entspricht, viel zu streng formuliert ist und den Kunden eher verärgert, der dann erst recht nicht zahlt. Sie sollen lieber etwas Freundliches schreiben.

Lösungsvorschlag: Eine freundliche Mahnung ist natürlich ein Widerspruch in sich selbst. Während die zweite und dritte Zahlungsaufforderung normalerweise jede Menge bedrohlicher Hinweise (Zahlungsfrist, spätestens, leider, zu unserem Bedauern, Mahnbescheid, Amtsgericht, Zwangsvollstreckung, Mahngebühr) enthält, sollen Sie nun Gegenteiliges schreiben. Hier hilft die gedankliche Umkehr. Welche Worte haben in einer Mahnung eigentlich absolut nichts zu suchen? Wir machen ein Brainstorming: *nett, Liebe, Freundschaft, Unterstützung, Hilfe, hilfreich, Geschenk, friedlich, Freude, Glück, wir sind alle eine große Familie, Erleichterung, Zufriedenheit, Toleranz, Vertrauen.* Nun wird daraus ein Textentwurf angefertigt, der möglichst viele dieser Glück bringenden Worte enthält:

Lieber Kunde,
es war für uns eine Freude, dass Sie unser Produkt erworben haben und wir sind höchst zufrieden, wenn Sie es inzwischen gut nutzen können. Wenn wir es uns leisten könnten, würden wir Ihnen das Produkt natürlich gerne als Geschenk überlassen. Allerdings sind unsere Mitarbeiter darauf angewiesen, monatliche finanzielle Unterstützung von unserer Firma zu erhalten, damit sie ihre Familien ernähren können. In aller Freundschaft möchten wir daher daran erinnern, dass es für unsere Angestellten eine große Hilfe und auch eine riesige Unterstützung für unseren Chef wäre, wenn Sie gelegentlich Ihre Rechnung-Nr. 12.34-567 bezahlen könnten. Auch

mir würde das die tägliche Arbeit sehr erleichtern, da mein Glück nicht alleine davon abhängt, solche Erinnerungen zu schreiben. Ich vertraue total auf ihre Zuverlässigkeit und Ehrlichkeit.

Mit netten Grüßen

3. Beispiel:

Sie sollen einen originellen Werbeslogan für eine neue Sonnenbrille entwickeln.

Lösungsvorschläge: Völlige Leere im Kopf? Wie wäre es, hier mal die Zufallssuche auszuprobieren: Wir schlagen unser Konversationslexikon an einer beliebigen Stelle auf, kneifen die Augen fest zu und tippen mit dem Zeigefinger der linken Hand irgendwohin. Hmm… Ohjeh! Da haben wir ausnahmsweise nun wirklich mal echtes Pech gehabt. Da wo der Zeigefinger hinzeigt, steht nämlich ausgerechnet das Wort *„Schambein"*. Damit kann man nun wirklich nichts anfangen. Was bitteschön soll Schambein mit einer Sonnenbrille zu tun haben??? Aber es hilft nichts, wir wollen ja diese Technik verdeutlichen. Wie stellen wir nun eine gedankliche Verbindung her? Was assoziieren wir an *„Schambein"*? Wir fangen, unserem schüchternen Chef zuliebe, mit der zweiten Worthälfte an. Zu *„Bein"* fällt uns spontan ein: laufen, gehen, rennen, Knie, Fuß, Oberschenkel, Wadenbein, Brustbein, Nasenbein. Aha: Nasenbein! Würde ein Werbeslogan die Aufmerksamkeit erregen, der lautet: *„Diese Sonnenbrille lenkt die männliche Aufmerksamkeit von Ihrem Schambein auf das Nasenbein"* Naja, etwas arg zu lang. Wie wäre es mit: *„Sitzt auf dem Schambein so gut wie auf dem Nasenbein"*. Tja, auch eher peinlich…

Noch nicht perfekt also, aber immerhin erste Ideen. Also weiter. Was assoziieren wir an *„Scham"*: rot-werden, peinlich, Sex, nackt, Jungfrau, schüchtern. Aus diesen Worten kann man nun wieder Sätze entwickeln: *„Schützen Sie das nackte Auge!"* oder: *„Die Brille, die den jungfräulichen Blick verbirgt"* oder: *„Damit Ihre Augen nicht rot werden"* oder *„Sonnenbrille: Sex-Appeal für die Augen"*… Vielleicht ist das alles noch nicht reif für die freie Wildbahn des Endkunden, aber nun haben Sie immerhin schon sechs Vorschläge, die Sie Ihrem Arbeitsteam oder dem Chef vorschlagen können.

4. Beispiel:

Sie sollen als Modezeichner(in) ein völlig neues Kleidungsstück entwerfen.

Lösungsvorschlag: Hier haben wir das Problem, dass praktisch alle Arten von Kleidungsstücken, die für den menschlichen Körper überhaupt vorstellbar sind, schon irgendwann einmal erfunden worden sind. Von der Tunika über den Spitzhut des Zauberers bis zu Schnabelschuhen, alles hat es schon einmal gegeben. Hier hilft vielleicht die neue Zusammenstellung der Charakteristika von Kleidungsstücken.

Was sind die Eigenschaften und in welchen Ausprägungsgraden kommen sie vor?

- Größe: hautnah – eng – passend – groß – weit – flatternd – zeltartig - riesig
- Muster: bunt – gestreift – gepunktet – gemustert – einfarbig – durchsichtig
- Gewicht: kaum spürbar - leicht – mittel – schwer – bleischwer
- Zweck: warm-halten, Schutz vor Regen, Sichtschutz, Formhilfen für Problemzonen
- Materialien: Stoff, Wolle, Leder, Kunststoff, Plastik, Metall, Holz, Gips, Zement, Stein, Glas, Papier usw.

Diese Reihe ließe sich endlos fortsetzen, wir beschränken uns aber auf diese fünf Eigenschaften. Am originellsten ist hier das Wort „*bleischwer*" – wozu sollte es bleischwere Kleidung geben, das ist ja eher hinderlich. So ein Unsinn! Oder doch nicht? Was assoziiert man an „bleischwer"? Hier fallen uns zu „*Blei*" folgende Begriffe ein: Bleiband für Dächer, Bleistift, Altmetall, Eisen, Stahl, Kupfer, Zinn. Und zu „*schwer*": Gewicht, Kraft, Schwerkraft, anstrengend. Die meisten dieser Assoziationen führen nicht weiter. Aber durch die Worte „*Kraft*" und „*anstrengend*" kommt unweigerlich die Idee, ein Kleidungsstück zu erschaffen, das dem Muskelaufbau dient, weil es so furchtbar schwer zu tragen ist. Man könnte eine Art Jacke entwerfen, die bleischwere Ärmel hat. Wenn man sie täglich trägt und sich damit bewegt, bekommt man Bizeps, die *Conan dem Barbar* in nichts nachstehen, ohne dass man ständig ins Body-Building-Studio laufen muss. Und schon ist die neue Idee geboren. Natürlich hätte man ebensogut andere Worte aus unserer Liste auswählen und über Assoziationen weiter verfolgen können, z.B. die Worte „*durchsichtig*" und „*Glas*". Ein Kleidungsstück aus durchsichtigen Glasstücken, möglichst natürlich Sicherheitsglas. Wie könnte es aussehen? Welche Funktionen könnte es erfüllen?

5. Beispiel

Zwei schöne Tests, die Kreativität und insbesondere das Verlassen gewohnter Denkbahnen verlangen, sind folgende Aufgaben:

1. Zeichen Sie mit nur <u>zwei</u> geraden Linien einen dritten Pfeil.

2. Verbinden Sie alle neun Punkte mit <u>vier geraden Linien</u>, ohne den Stift abzusetzen

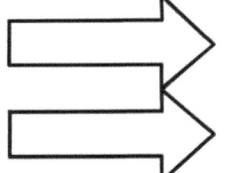

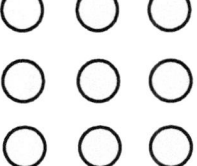

[Die Lösung finden Sie am Ende des Buches.]

1. Zeichnen aus einfachen Formen

1.1 Der Kreis ist heiß: KREISE

Was kann man aus einem Kreis alles zeichnen? Ein Gesicht, einen Fahrradreifen und und und … Wie viele Ideen haben Sie? Versuchen Sie einmal aus jedem der untenstehenden Kreise etwas zu malen. Es kommt dabei nicht auf formvollendete Schönheit an, sondern nur darauf, möglichst viele Ideen zu haben. Schreiben Sie darunter oder daneben, was Ihre Zeichnung darstellen soll. Falls Ihnen die Ideen ausgehen, dann wandern Sie einmal durch Ihre Wohnung und suchen Sie nach runden Gegenständen. Wenn Sie einmal nicht weiter wissen: Am Ende dieses Buches befinden sich umfangreiche Wortlisten, die Ihnen bei vielen Übungen helfen können. Am besten blättern Sie diese mal durch, damit Sie wissen, was Sie dort nachschlagen können.

Beispiel:

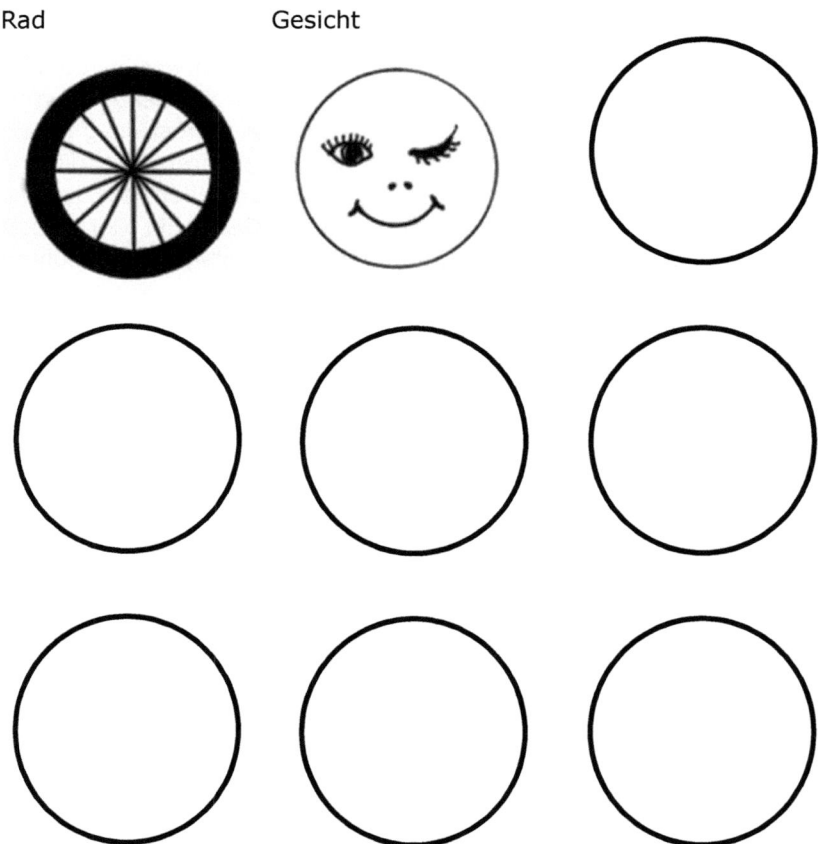

Rad   Gesicht

1.2 Quadratlatschen: VIERECKE

Machen Sie nun dasselbe mit Quadraten. Was lässt sich aus viereckigen Formen zeichnen. Wenn Ihnen nun nichts mehr einfällt, dann versuchen Sie jedoch diesmal <u>nicht</u> in der Gegend herum zu laufen, sondern stellen Sie sich in Gedanken Gegenstände vor, bis Sie ausreichen viele viereckige gefunden haben.

Beispiel:

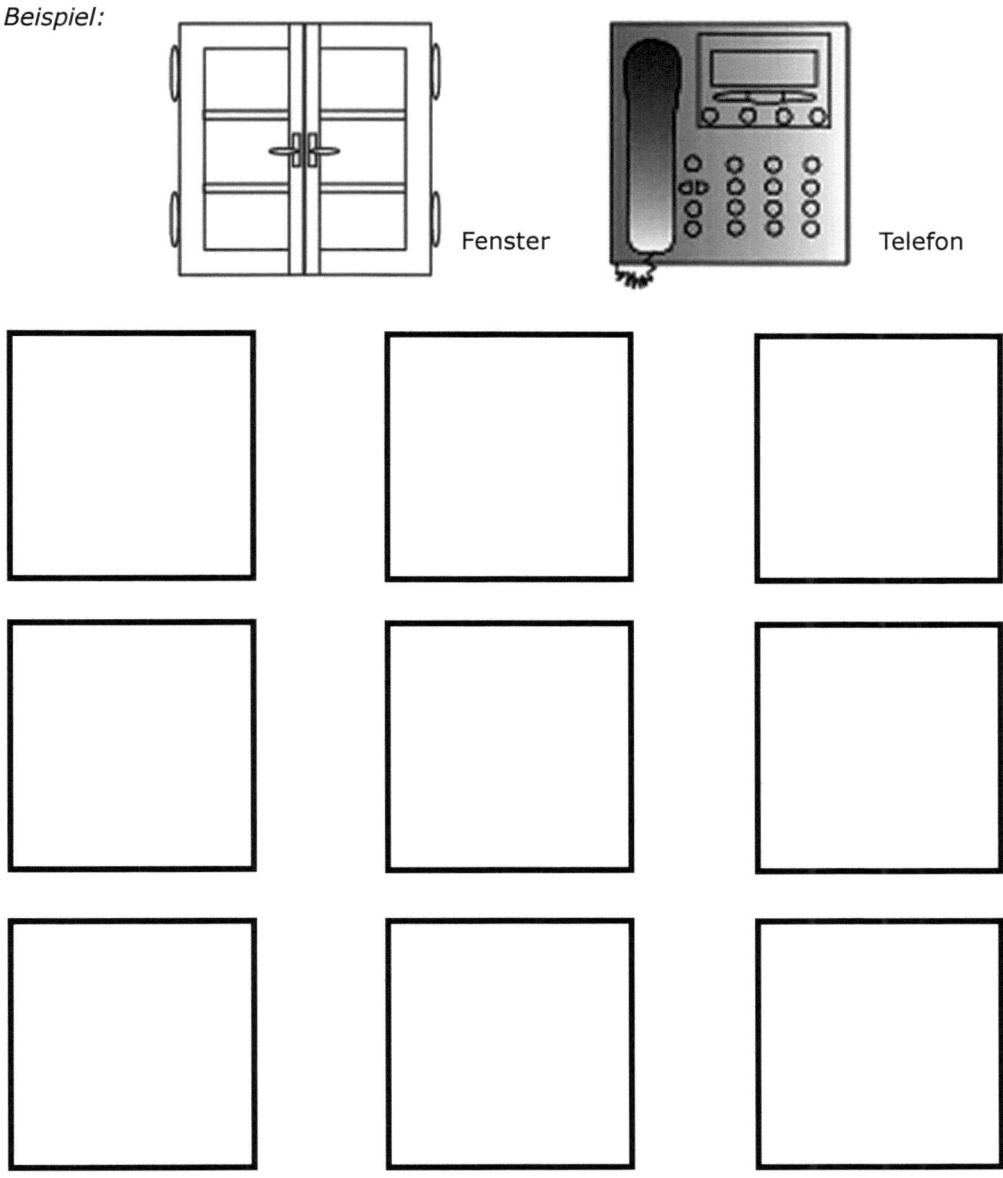

Fenster   Telefon

1.3 Das Undreieck: DREIECKE

Die ersten beiden Übungen waren leicht, doch nun wird es anders und zugleich kreativer. Unten finden Sie Dreiecke. Die Aufgabe besteht jetzt aber **nicht** mehr darin, dort etwas zu zeichnen, das dreieckig ist. Sie sollen gerade im Gegenteil aus diesen Formen Gegenstände zeichnen, die normalerweise **NICHT** dreieckig sind. Etwa ein dreieckiges Buch, eine dreieckige Zimmertür oder vielleicht sogar eine dreieckige Sonne? Je verrückter Ihre Idee ist, um so besser!

Beispiel:

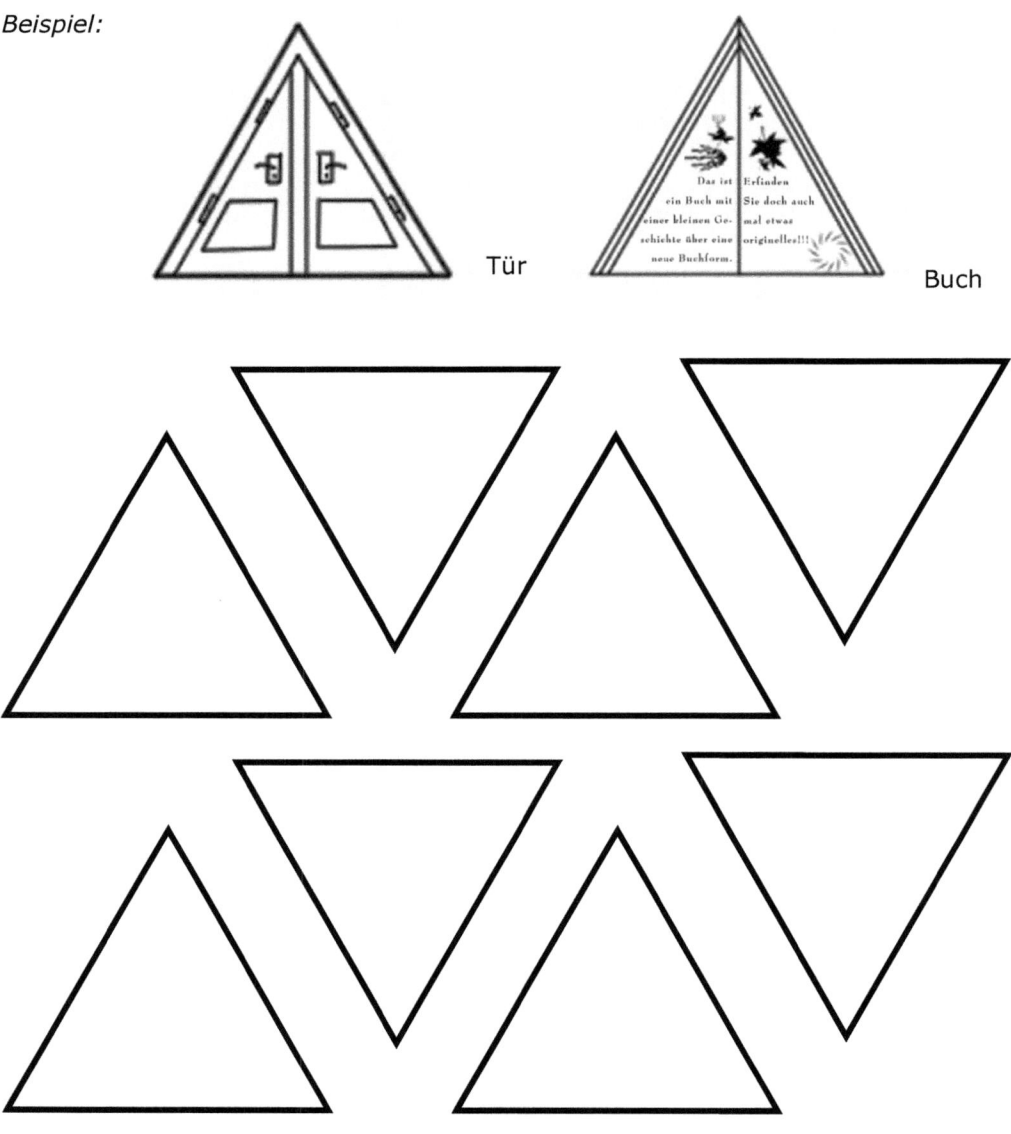

Tür

Buch

2. Worteinfall

2.1 Womit alles anfängt: ANFANGSBUCHSTABEN

Nun beginnen wir mit dem Bereich „Worteinfall". Es klingt einfach, aber den meisten Menschen geht nach erstaunlich kurzer Zeit bei dieser Übung schon die Luft aus. Sie sollen möglichst viele Worte finden, die mit demselben Anfangsbuchstaben beginnen. Die Wortart, ob es sich dabei um ein Haupt- (Substantiv), Tätigkeits- (Verb) oder Eigenschaftswort (Adjektiv) handelt, ist gleichgültig. Unser Anfangsbuchstabe sind das „S", „K" und „Z". Die ersten drei Beispiele stehen schon in der Tabelle. Falls Ihnen die Ideen ausgehen, denken Sie mal an Tiere, die mit mit diesen Buchstaben beginnen, an Pflanzen, Städte, Berufe, Geräte oder Vornamen.

„S"	„K"	„Z"
säubern	Kunst	Zwerg
stark	kaufen	zaubern
Sonne	klar	zwischen

2.2 *Wie hört es auf?* ENDBUCHSTABEN

Nun wird es auch hier schwieriger. Bei dieser Übung sollen Sie Worte finden, die mit einem bestimmten Buchstaben <u>aufhören</u>. Das gelingt nicht so leicht. Der letzten Buchstaben bei dieser Übung sind das „**d**", „**n**", „**f**" und die ersten drei Worte stehen wieder in der Tabelle.

Pfer**d**	Hafe**n**	Ho**f**
run**d**	reite**n**	dar**f**
laufen**d**	ruhe**n**	schar**f**

2.3 *Verbunden*: WORTEINFALLSKETTE

Hier sollen Sie versuchen, einigermaßen sinnvolle Sätze zu bilden, wobei der Endbuchstabe des letzten Wortes jeweils der Anfangsbuchstabe des folgenden Wortes sein soll.

Zum Beispiel:
Am Morgen nach Halloween nahm mein Nachbar richtig große Erdbeeren nach Hause.

....

....

....

....

....

....

....

....

....

....

....

....

....

2.4 *Vom Apfelbaum zur Zuckertüte:* ZUSAMMENGESETZTE WORTE

Nun versuchen Sie zusammengesetzte Worte zu bilden. Fügen Sie jeweils zwei Worte zusammen, so dass sich ein sinnvoller Begriff ergibt. Aus „Fahrrad" und „Lenker" lässt sich das zusammengesetzte Wort *„Fahrradlenker"* bilden.

Apfel, Angst, Arzt, Auto, Bahnhof, Bad, Badezimmer, Ball, Baum, Bein, Besen, Bett, Bild, Blumen, Blüte, Brot, Buch, Buchstaben, Computer, Dach, Decke, Deckel, Ecke, Fahrrad, Farbe, Feder, Feuer, Fisch, Flasche, Flosse, Fluss, Frosch, Fuß, Geschirr, Gitarren, Glas, Glocke, Hahn, Halle, Hand, Hase, Haus, Holz, Honig, Hörer, Instrument, Kaffee, Kamin, Kammer, Karte, Käse, Ketchup, Kinder, Kissen, Kiste, Kittel, Koffer, König, Kopf, Korb, Kuchen, Lampe, Laub, Lenker, Licht, Monitor, Musik, Nadel, Nase, Pumpe, Radio, Reifen, Säge, Salat, Sauger, Schalter, Scheine, Schuh, Seite, Sitz, Spiegel, Stall, Staub, Tasse, Telefon, Theater, Tisch, Topf, Tuch, Tür, Tüte, Trommel, Vase, Vogel, Wand, Waschmaschine, Wasser, Wolle, Ziegel, Zucker.

Apfelbaum				
Zuckertüte				

2.5 *Der Alphabetstein:* ABSTRUSE BEGRIFFE

Nun versuchen wir erneut zusammengesetzte Worte zu bilden. Diesmal besteht die Aufgabe aber darin, möglichst abstruse Begriffe von Gegenständen zu entwickeln, die es so gar nicht gibt und vermutlich nie geben wird. Versuchen Sie zu jedem Begriff aus der oberen Liste ein Wort aus der unteren zu finden, das gar nicht dazu passt. Zum Beispiel Worte wie *„Schwalbenmonitor"* oder *„Grasgehirn"*. Als Hilfe zwei Wortlisten, wenn Sie möchten, können Sie aber auch die Liste im Anhang benutzen oder frei erfundene Substantive nehmen.

1. Liste: *Alphabet, Bach, Clown, Dach, Essen, Finger, Gabel, Hexe, Holz, Honig, Hörer, Igel, Instrument, Jäger, Kaffee, Kamin, Kammer, Karte, Käse, Ketchup, Kinder, Kissen, Kiste, Kittel, Koffer, König, Kopf, Korb, Kuchen, Lampe, Laub, Lenker, Licht, Liebe, Milch, Mode, Monitor, Nase, Ofen, Pferd, Quark, Raupe, Salz, Stuhl, Tasse, Uhr, Vogel, Wurst, Yacht, Zahn*

2. Liste: *Affe, Auge, Bar, Bein, Berg, Bett, Biene, Bremse, Champagner, Draht, Eier, Erbse, Flasche, Flöte, Geige, Griff, Hals, Haus, Himmel, Hose, Hund, Indianer, Juwel, Käfer, Kartoffel, Kette, Koffer, Lampe, Mist, Mond, Nadel, Otter, Paket, Quelle, Richter, Ring, Rose, Schaufel, Schlüssel, Stab, Stein, Stern, Tasche, Tisch, Urkunde, Vase, Wagen, Wolle, Zaun, Ziege*

Ihre Wortneuschöpfungen:

Alphabetstein		
Käserichter		

2.6 Was ist ein Wewize? NEUE WORTE

Man kann aber nicht nur aus bekannten Worten zusammengesetzte Begriffe bilden. Mitunter braucht man auch völlig neue Worte. Zum Beispiel um einer Erfindung eine Bezeichnung zu geben oder um einer erdachten Romanfigur zu einem Namen zu verhelfen. Setzen Sie aus der Silben-Liste neue Namen zusammen. Zum Beispiel aus den Silben –eb-, -ib- und –ob- das neue Wort „Ebibob" oder aus –na-, -ga-, -mo- und –li- die Neuschöpfung „Nagamoli".

ab, ac, ad, af, ag, ah, aj, ak, al, am, an, ap, eb, ec, ed, ef, eg, eh, ej, ek, el, em, en, ep, eq, er, es, et, ev, ew, ex, ez, ib, ic, im, in, ip, iq, ir, is, it, iv, iw, ix, iz, ob, oh, oj, ok, ol, om, on, op, oq, or, os, ot, ov, ow, ox, oz, ub, uc, ud, uf, ug, uh, uj, uk, ul, um, un, up, uq, ur, us, ut, uv, uw, ux, uz, äg, äh, ug, e, ie, ba, be, bi, bo, bu, bau, bei, ga, ge, gi, go, gu, gau, gei, gie, gä, gö, gü, gy, ha, he, hi, ho, hu, hau, hei, hie, hä, hö, hü, hy, ke, ki, ko, ku, kau, kei, kie, kä, kö, kü, ky, la, le, li, lo, lu, lau, lei, lie, lä, lö, lü, ly, ma, me, mi, mo, mu, mau, mei, mie, mä, mö, mü, my, na, ne, ni, no, nu, , py, ra, re, ri, ro, ru, rau, rei, rie, rä, rö, rü, ry, sa, se, si, so, su, sau, sei, sie, sä, sö, sü, sy, ta, te, ti, to, tu, tau, tei, ty, va, ve, vi, vo, vu, vau, vei, vie, vä, vö,wa, we, wi, wo, wu, wau, wei, wie, wä, wö, wü, zau, zei, zie.

Abaugens		
Wewize		

2.7 Lernen, büffeln, pauken: SYNONYME

Wie oft ist es Ihnen schon passiert, dass Sie im selben Absatz das gleiche Wort mehrfach wiederholt haben. Hier mal einen kleine Übung dazu. Sie sollen zu den jeweiligen Wörtern noch weitere verwandte Begriffe finden, welche die gleiche oder eine ähnliche Bedeutung haben. Wir haben zu jedem Verb fünf Felder freigelassen, obwohl es nicht jedesmal so viele Worte mit ähnlicher Bedeutung gibt. Seien Sie also nicht böse mit den Autoren, falls Felder frei bleiben und Ihnen einfach nichts mehr einfällt.

lernen	sprechen	hören	gehen
büffeln			
pauken			

schlagen	stehlen	weinen	zeichnen

klauen	hängen	klagen	peinigen

trinken	essen	flüchten	werfen

2.8 *Brennende Tauben:* WORTE VERBINDEN

Im Anhang ganz hinten in diesem Buch finden Sie Wortlisten mit Substantiven, Adjektiven und Verben. Verbinden
Sie Verben und Adjektive mit den Substantiven so, dass
zwar unwahrscheinliche, aber möglichst interessant klin-
gende Paare herauskommen, wie etwa „Betendes Abenteuer" oder „Bittere Affen".

brennende Tauben	
blökende Politiker	

2.9 *Das neurotische Kamel:* REIZWORTE

Ganz vorne in diesem Buch, im theoretischen Teil, hatten wir Ihnen Techniken vorgestellt, um auf kreative, neue Ideen zu kommen. Die Zufallssuche ist eine solche Methode. Benutzen Sie für die folgende Übung ein Lexikon oder einen Duden oder eine Tageszeitung oder irgendein Buch. Schlagen Sie es an einer beliebigen Stelle auf und tippen Sie mit dem Zeigefinger (am besten mit geschlossenen Augen!!!) irgend-

wo hin. Schreiben Sie dann das Wort, das Sie gefunden haben in die zweite Spalte und versuchen Sie nun aus den beiden Worten einen mehr oder minder sinnvollen, verrückten und/oder kreativen Satz zu bilden.

Vorgabe	Ihr gefundenes Wort	Satz
Angst	Kamel	Das neurotische Kamel hatte eine tiefsitzende Angst vor Wüstensand.
Beule	schäumen	Schäumende Milch auf Beulen schützt nicht vorm Heulen.
Clown		
Diät		
Elefant		
Fliege		
Gewissen		
Habgier		
Irrtum		
Jodler		
Kamille		
Lippe		

2.10 *Ein mörderisches Grau:* ANALOGIEN BILDEN

Oft erzeugen Worte aus völlig unterschiedlichen Gebieten ähnliche Gefühle, z.B. sind *„Schnecke"* und *„langsam"* unzertrennbare Zwillinge, ebenso *„Turm"* und *„hoch"* oder *„Eis"* und *„kalt"*. Finden Sie passende Worte zu folgenden Begriffen. Dabei müssen es nicht immer bekannte Paare sein, lassen Sie sich ruhig etwas Neues einfallen!

stark	Bär	grau	
fromm	Engel	rot	
diebisch		schwarz	
flink		tief	
klug		grün	
durstig		hungrig	
hell		stürmisch	
blind		schief	
stachelig		drahtig	
weich		steinig	
genial		leer	
weit		lahm	
laut		blau	
knusprig		deutsch	
nett		zart	
durchsichtig		gelb	
rosa		gerade	
sandig		verrückt	
begabt		geizig	
sparsam		müde	

2.11 *Denglisch*: DEUTSCH-ENGLISCHE BEGRIFFSPAARE

Englische Worte in der deutschen Sprache erfreuen sich einer geradezu abstrusen Beliebtheit. Dass die „*Diskothek*" früher mal „*Tanzlokal*" hieß, weiß heute kaum noch jemand. Es wird auch nicht mehr vom „*Flickenmuster-Aussehen*" geredet, sondern das heißt nun „*Patchwork-Look*" und aus dem guten alten „*Friesennerz*" wurde der „*Windbreaker*". Am schlimmsten sind Paarungen, die zur Hälfte aus einem englischen und einem deutschen Wort bestehen, z.B. ein „*Relax-Wochenende*". Der „*Discount-Buchladen*" fällt einem da kaum noch auf und das in diesem Buch vorgestellte „*Brainstorming*" und „*Mindmapping*" fließt auch den Autoren nahezu unbemerkt von den Lippen.

Aber es hilft alles nichts, solche *coolen* Ausdrücke sind total *in*. Auch wir wollen uns mal daran versuchen. In dieser Übung dürfen Sie nach Lust und Laune jeweils eines, zwei oder mehrere englische Worte mit keinem, einem oder ganz vielen deutschen Begriffen so geschickt verkuppeln, dass es gut klingt. Und zwar am besten, ohne dass Sie sich großartige Sorgen darüber machen, ob Ihre Neuschöpfung überhaupt einen Sinn ergibt.

Erlaubt ist also die „*Tear-Blüte*" ebenso wie der „*Why-Cry-Spiegelturm*", Sie können auch Sätze bilden („*Der Run auf den Bikini-Discount*"). Als Hilfe geben wir hinten im Anhang eine Liste englischer Worte vor. Die deutschen Begriffe dürfen Sie sich selbst ausdenken oder können Sie auch aus dem Anhang heraussuchen. Natürlich können Sie, wenn Sie möchten, auch andere nehmen als die, im Anhang stehen. Noch professioneller wirkt es, wenn Sie zwei englische Worte mit „*by*", „*for*", „*from*", „*in*", „*of*", „*on*", „*over*", „*out of*", „*under*" oder „*with*" verbinden und hier und da ein kreatives „*the*" einfügen (wie z.B. bei dem bekannten Musikstück „*pigs on the wing*").

Ihre *denglischen* Neuschöpfungen:

....

....

....

....

....

....

....

....

....

....

3. Gesichter und Tiere zeichnen

3.1 Charakterköpfe: GESICHT IN EINZELTEILEN

Bei vielen Aufgaben kann es wichtig sein, schnell eine kleine Skizze mit Menschen zeichnen zu können. Sie müssen deshalb nicht gleich zum Modezeichner werden, auch die handgeschriebene Glückwunschkarte oder ein Liebesbrief wirkt viel mehr mit einer lustigen Zeichnung darin. Das können Sie hier lernen. Ein Gesicht zu zeichnen ist gar nicht so schwierig. Hier wollen wir zunächst einzelne Elemente üben. Untenstehend finden Sie einige Beispiele für Augen. Große Pupillen wirken erotisch, kleine stechend und böse. Lange Wimpern kennzeichnen sofort die Augen einer Frau. Halb geschlossene Augen sehen müde aus, weit aufgerissene wirken erschreckt, klein zusammengekniffene wirken böse. Vor allem durch die Augenbrauen lassen sich auch Gefühle ausdrücken. Zeichnen Sie diese Augen auf der nebenstehenden Blatthälfte ab und variieren Sie dabei.

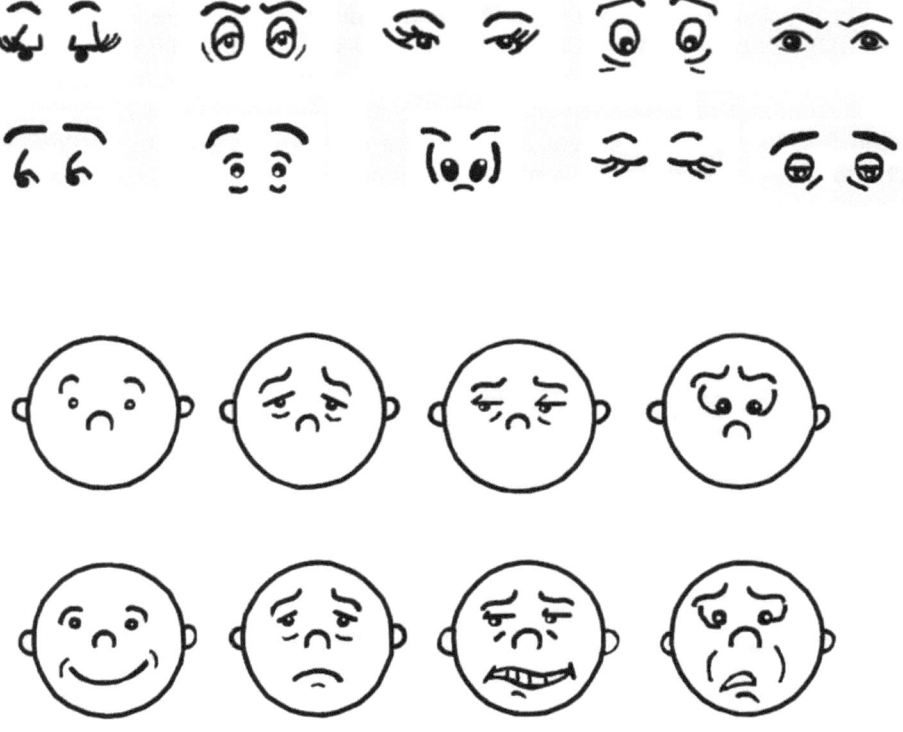

Der Mund ist ebenso einfach zu zeichnen, auch er drückt Gefühle aus. Oft reicht es, wenn er einfach durch eine gebogene Linie angedeutet wird. Die Form der Linie unterstützt den Ausdruck des Gesichtes. Hier sind wieder einige Beispiele, die Sie in die vorgefertigten „Gesichter" auf der unteren Blatthälfte übertragen und variieren können. Versuchen Sie „lachende" und „traurige" Münder zu zeichnen.

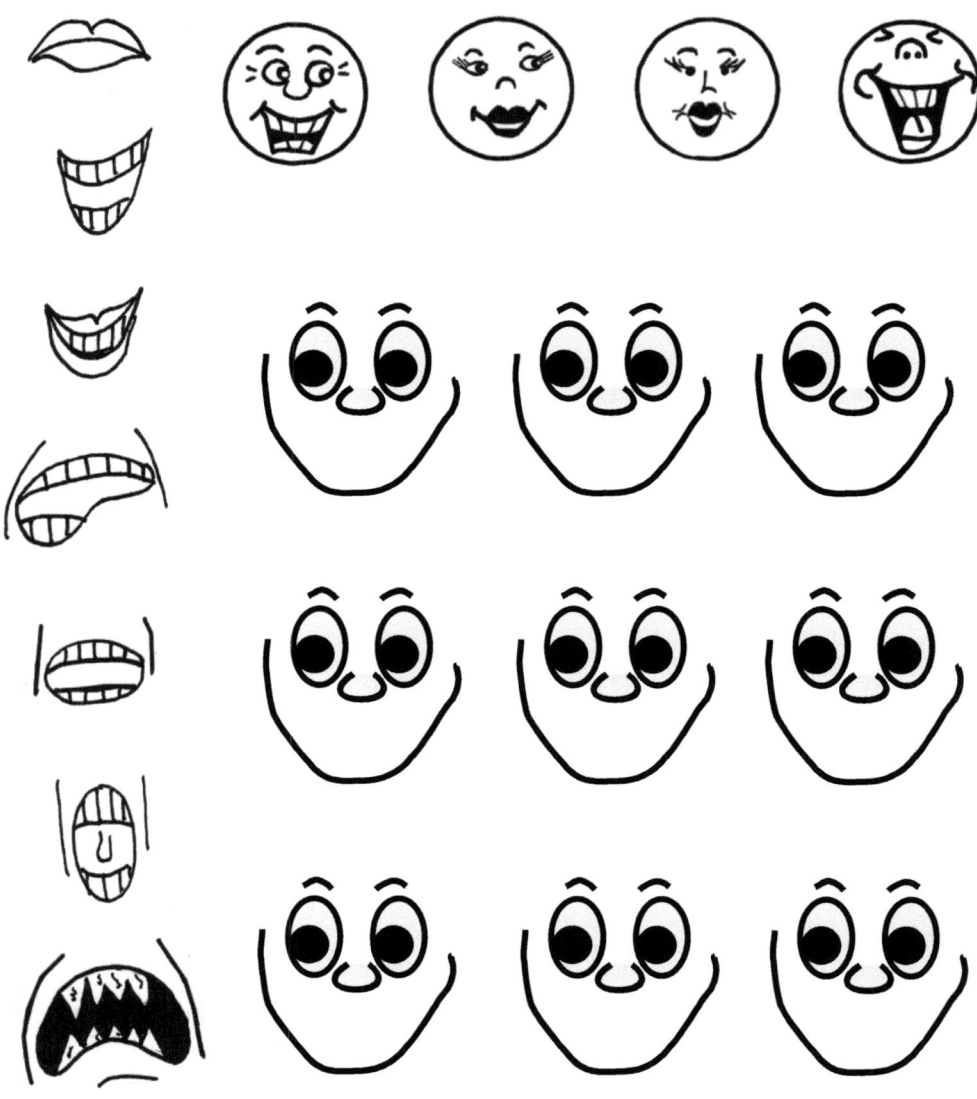

Nasen sind im Profil sehr leicht zu zeichnen, schwieriger ist es dagegen das Riech-
organ einzuzeichnen, wenn man das Gesicht von vorne sieht. Meist reicht es, die
Nase dann nur leicht anzudeuten. Versuchen Sie, auf der unteren Hälfte der Seite,
auch ein paar Nasen in verschiedenen Profilen zu zeichnen.

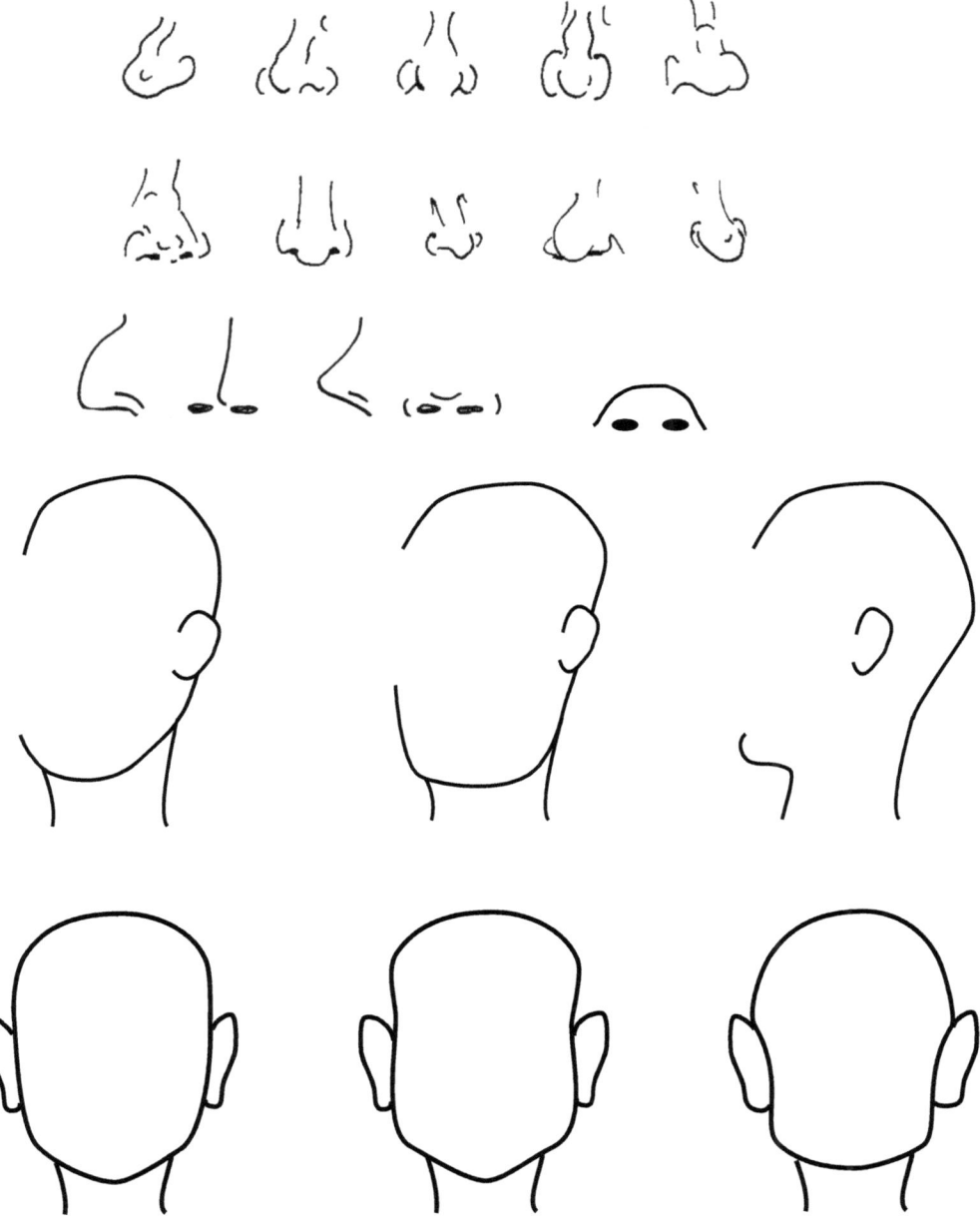

Nun kommen wir als Krönung noch zu den Haaren. Die passende Haartracht erhöht die Ähnlichkeit mit der Person, die Sie zeichnen wollen, ungemein. Malen Sie auf der nächsten Seite zunächst normale, vielleicht ruhig aber auch total „verrückte" Haarfrisuren, ergänzen Sie dann die Gesichtskontur. Natürlich sind auch Bärte erwünscht; zumindest und vor allem bei den männlichen Konterfeis.

Hier nun einige Köpfe zum Üben der Frisur.

Mit Hilfe von einfachen Strichmännchen lassen sich menschliche Figuren einfach und schnell skizzieren. Das kann sehr nützlich sein, um schnell mal einen Entwurf aufs Papier zu bringen. Hier haben wir einige Beispiele gezeichnet. Versuchen Sie auf der nebenstehenden Seite ein paar dieser oder anderer Körperhaltungen zu skizzieren, halten Sie sich aber nicht zu sehr an den Details auf, denn hier ist wirklich nur die grobe Skizze gefragt.

3.2 Punkt-Punkt-Komma-Strich: GESICHTER ZEICHNEN

Aus den untenstehenden Grundformen sollen Sie Gesichter zeichnen. Entscheiden Sie sich zunächst, ob das Gesicht von vorn, im Profil oder vielleicht sogar schräg zu sehen ist. Lassen Sie Ihrer Kreativität freien Lauf.

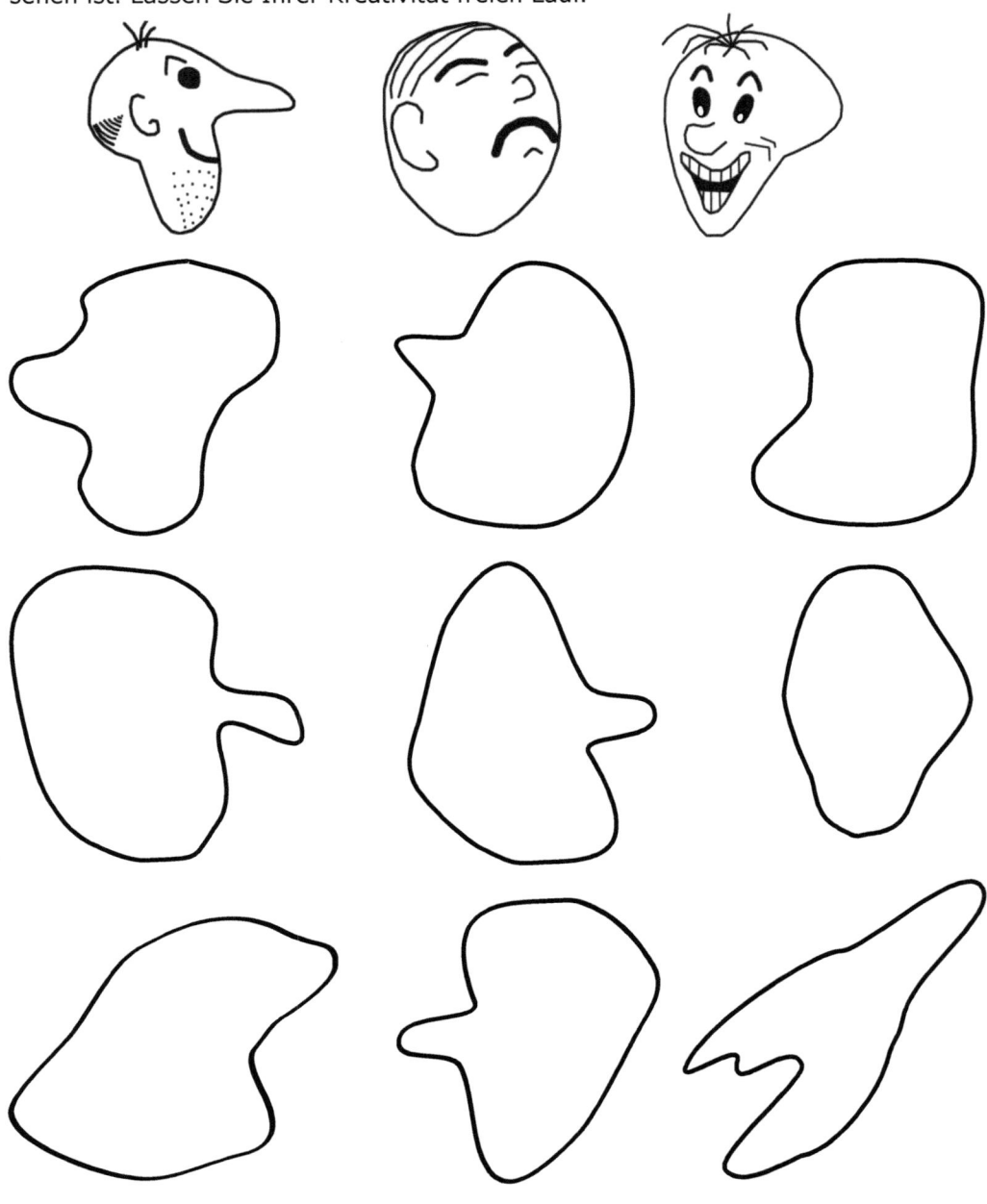

3.3 Max und Moritz, Donald Duck & Co.: COMIX ZEICHNEN

Comic-Figuren zeichnen sich dadurch aus, dass die Proportionen, völlig verschoben sind. Die Nase hat oft die zehnfache Größe und eine Form, die in der Realität niemals vorkommen könnte. Augen sind z.B. bei den japanischen Manga- und Anime-Figuren riesengroß. Je nachdem, welches Gefühl gerade dargestellt werden soll, wird der Mund übersteigert gezeichnet. Im Vergleich zu dem meist viel zu großen Kopf ist der restliche Körper in der Regel oft winzig. An spindeldürre Arme oder Beine können sich riesige Hände und tollpatschig wirkende Füße heften. Die Kunst, sich eine Comicfigur auszudenken, liegt in der maßlosen Übertreibung. Hier folgen einige Beispiele und dann können Sie es wieder selbst versuchen.

Hier haben Sie die Möglichkeit, selbst einmal ein paar Comicfiguren zu zeichnen. Viel Spaß und gutes Gelingen!

3.4 Hübsch hässlich: FIGUREN ERFINDEN

Auf dieser Seite finden Sie einige Vorlagen von gezeichneten Gesichtern bzw. Figuren, studieren Sie, wie diese gezeichnet worden sind. Alle bestehen aus den Einzelelementen, die Sie gerade erlernt haben.

Erfinden Sie hier nun selbst einige Charakterköpfe oder Figuren nach eigener Wahl:

3.5 *Der Pantigeraffe im Zoo:* **TIERE ZEICHNEN**

Einfache, aber durchaus lustige Tiere zu zeichnen ist auch nicht schwer. Am besten skizzieren Sie mit Bleistift vor und ziehen Ihre Zeichnung dann mit schwarzem Filzstift nach. Malen Sie nicht nur ab, sondern zeichnen Sie auch andere Tiere (Katze, Bär, Reh, Pferd, Kamel, Nilpferd, Giraffe, Vogel, Spinne, Fliege usw.). Vielleicht haben Sie sogar Lust ein Fabelwesen zu erfinden?

3.6 Killer John Johns: DAS PHANTOMBILD

Sie haben folgende Beschreibungen. Versuchen Sie ein Phantombild zu zeichnen.

Mehrfacher Mörder entflohen! Aus Sing-Sing ist am vergangenen Montag der vierfach zum Tode verurteilte Killer John Johns geflüchtet. Die Polizei ist hektisch auf der Suche nach ihm und bittet die Bevölkerung eindringlich um Mithilfe.

John Johns hat einen ultrakurzen Bürstenhaarschnitt und einen ausgefransten Oberlippenbart. Seine Augenbrauen sind äußerst buschig. Die schlitzförmigen, relativ kleinen Augen stehen ungewöhnlich eng beieinander. Die Lippen sind schmal und er hat stets einen unzufrieden wirkenden Gesichtsaudruck. Die Nase ist als Folge von diversen Kämpfen flach, mehrfach gebrochen und sieht aus wie eine typische Boxernase. Die Ohren stehen stark ab. Auf der Wange hat er eine Z-förmige große Narbe.

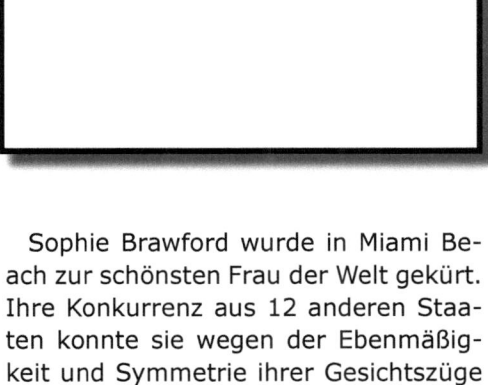

Sophie Brawford wurde in Miami Beach zur schönsten Frau der Welt gekürt. Ihre Konkurrenz aus 12 anderen Staaten konnte sie wegen der Ebenmäßigkeit und Symmetrie ihrer Gesichtszüge leicht verdrängen.

Sophie hat sehr erotische, große, dunkelbraune Augen und leicht nach oben geschwungene dünne Augenbrauen. Ihr rassiges, volles und sehr langes, dunkelbraun gelocktes Haar gibt ihr einen südländischen Einschlag, die Nase ist schmal und wirkt sehr aristokratisch. Die Lippen sind voll und laden zum Küssen ein.

Eine erste Folge genetischer Kreuzungen unterschiedlicher Tierarten mit modernsten Methoden ist der „Nasgirfant".

Es ist entstanden durch Vermischung der Gene eines Nashorns, einer Giraffe und eines Elefanten. Der Kopf ist eindeutig der eines afrikanischen Nashorns, der Hals stammt von einer Giraffe und die Beine ähneln stark dem eines Elefanten. Auch Ohren und Rüssel dürften letzteren Tier entnommen sein.

Für den Kinofilm „Horrorbestien im Tal des Todes" wurde im Auftrag des Star-Regisseurs Bram Bramson ein völlig neues Monster entwickelt.

Besonders hervorstechendes Merkmal ist ein riesiges Maul mit mehreren Reihen Haifischzähnen hintereinander. Der Schädel erinnert an ein Reptil, ist aber nach hinten sehr lang gezogen. Die Augen wirken wie die von einer Wespe. Der restliche Körper könnte von einem unbehaarten Gorilla stammen, die Bestie kann sehr flink auf vier Beinen laufen, sich aber auch aufrichten und dann mit ihren krallenbewehrten Händen angreifen.

Ein Jahr im Himalaja! Reinhard Messmayer ist von seiner zwölf Monate dauernden Expedition aus dem „Dach der Welt" zurück.

Momentan sieht er noch aus, als sei er selbst ein Yeti. Die Haare sind lang und verfilzt, der Vollbart ziert sein durch die Anstrengungen zerfurchtes Gesicht wie ein Dschungel. Durch die Entbehrungen hat er tiefe Ringe um die übermüdeten Augen.

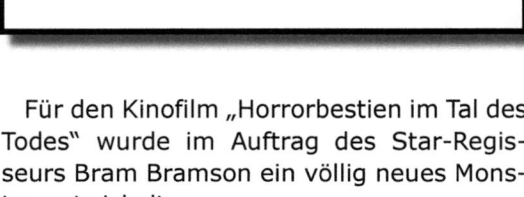

In Washington D.C. wurde am gestrigen Abend von Passanten auf dem Avenue Drive ein außerirdisches Wesen gesichtet.

Es sah folgendermaßen aus: Das obere Teil (man weiß noch nicht, ob man dabei von einem „Kopf" sprechen kann?) sah aus wie eine schirmförmige, durchsichtige Qualle. Rund um den Rand waren schwarze Flecke und Wissenschaftler vermuten, dass das die Augen sein könnten. Es stand auf einer Art dickem Elefantenfuß, den es zur Fortbewegung aber nicht anheben musste, es schien, als ob es sich rollend darauf fortbewegte. Hände waren nicht auszumachen, aber hin und wieder kam unter dem Schirm ein schlangenartiger Tentakel hervor, mit dem das Wesen wohl auch greifen konnte.

Die Rolle als „Don Juan" ist dem Schauspieler Thomas Hawk wie auf den Leib geschrieben.

Wie es in der Zeit, in der dieser historische Film spielt, üblich war, hat er schulterlange Haare und ein dünnes Oberlippenbärtchen. Sein schmales Gesicht mit den leicht hervorstehenden Wangenknochen wirkt insbesondere durch den großen Hut, den er in dem Film fast ständig trägt, eher zart als männlich-draufgängerisch.

Der neue Schwarm aller Kinder ist die Marionette „Fred", die neuerdings der Pausenhit im Fernsehen ist. Fred hat immer die obercoolen Sprüche auf den Lippen und benimmt sich Erwachsenen gegenüber wie ein umherlaufender Feuermelder. Bei Fred handelt es sich um einen Gummiball, der auf zwei Entenfüßen läuft. Arme haben seine Entwickler vergessen, dafür hat er aber eine reichliche Haarpracht.

4. Personen

4.1 *Taufpate:* NAMEN ERFINDEN

Die in einer der letzten Übungen entwickelte Technik uns völlig neue Worte auszudenken, wollen wir nun nutzen, um Namen zu erfinden. Denken Sie sich zu den untenstehenden Portraits möglichst originelle, passende und wohlklingende Vor- und Nachnamen aus.

Oliver Scherbaum	Clara Nauritzky	

4.2 *That's Life:* LEBENSGESCHICHTEN VON PERSONEN

In dieser Übung wird es noch eine Stufe schwieriger. Schreiben Sie kurze Texte zu den erfragten Lebensabschnitten der Person auf dem Bild. Natürlich sollen Sie auch hier völlig frei erfinden.

Name:...

Alter: ....   Geschlecht: ....

Familienstand: ....   Beruf: ....

Anzahl Kinder:.....................   Geburtsort: ....

Straße:...............................   Stadt: ....

Wo und mit wie vielen Geschwistern ist diese Person groß geworden?

....

Wie ist diese Person als Kind von den Eltern (oder anderen Personen) erzogen worden?

....

....

Wie war die Schulzeit dieser Person?

....

....

Welche Berufsausbildung hat sie gewählt?

....

....

Welchen Beruf übt sie heute aus? Ist sie vielleicht umgeschult worden?

....

....

Wo und wie hat diese Person einen Partner gefunden?

....

Welche Krankheiten hat diese Person im Lauf Ihres Lebens durchgemacht?

....

Name: ....

Alter: .... Geschlecht: ....

Familienstand: .... Beruf: ....

Anzahl Kinder: .... Geburtsort: ....

Straße: .... Stadt: ....

Wo und mit wie vielen Geschwistern ist diese Person groß geworden?

....

Wie ist diese Person als Kind von den Eltern (oder anderen Personen) erzogen worden?

....

....

Wie war die Schulzeit dieser Person?

....

....

Welche Berufsausbildung hat sie gewählt?

....

....

Welchen Beruf übt sie heute aus? Ist sie vielleicht umgeschult worden?

....

....

Wo und wie hat diese Person einen Partner gefunden?

....

....

Name: ....

Alter: .... Geschlecht: ....

Familienstand: .... Beruf: ....

Anzahl Kinder: .... Geburtsort: ....

Straße: .... Stadt: ....

Wo und mit wie vielen Geschwistern ist diese Person groß geworden?

....

Wie ist diese Person als Kind von den Eltern (oder anderen Personen) erzogen worden?

....

....

Wie war die Schulzeit dieser Person?

....

....

Welche Berufsausbildung hat sie gewählt?

....

....

Welchen Beruf übt sie heute aus? Ist sie vielleicht umgeschult worden?

....

....

Wo und wie hat diese Person einen Partner gefunden?

....

....

Nun können Sie Ihrer Kreativität freien Lauf lassen. Zu den folgenden Gesichtern können Sie eine Lebensgeschichte frei erfinden. Benutzen Sie dabei in etwa die Bausteine aus der letzten Übung, ohne die Bereiche zu trennen, sondern schreiben Sie einen freien Text in der chronologischen Abfolge der Biografie von der Kindheit bis in das Alter, in dem die Person sich jetzt befindet.

....

....

....

....

....

....

....

....

....

....

....

....

....

....

....

....

....

....
....
....
....
....
....
....
....
....
....
....
....
....
....
....
....
....
....
....
....
....
....

4.3 *Drum prüfe, wer sich ewig bindet:* HEIRATSMARKT

Damit es nicht zu trocken wird, nun mal eine lustige kleine Zwischenübung. Hier sollen Sie Partnershaften vermitteln. Welche Frau könnte zu welchem Mann passen? Wen lohnt es sich zusammen zu führen und wo wird das Kennenlernen vermutlich keinen Sinn haben? Stellen Sie sich zunächst einige Kriterien auf, was alles eine Rolle spielen könnte, damit die Partnerschaft überhaupt klappt. Versuchen sie dann, jeder Person zu ihrem Traumpartner zu verhelfen.

 Clivia Weis, 23 J., Studentin, Hobby: reiten	 Dana Hertel, 20 J., Azubi, Hobby: tanzen	 Jamie Lorenz, 27 J., Bardame, Hobby: tanzen
 Regina Lindhard, 32 J., Lehrerin, Hobby: lesen	 Sally Meyer, 28 J., Geschäftsführerin, Hobby: kochen	 Vivian Bernstein, 23 J., Physiotherapeutin, Hobby: Handball

Clivia Weis	←→	
Dana Hertel	←→	
Jamie Lorenz	←→	
Regina Lindhard	←→	
Sally Meyer	←→	
Vivian Bernstein	←→	

Wer passt zu wem?

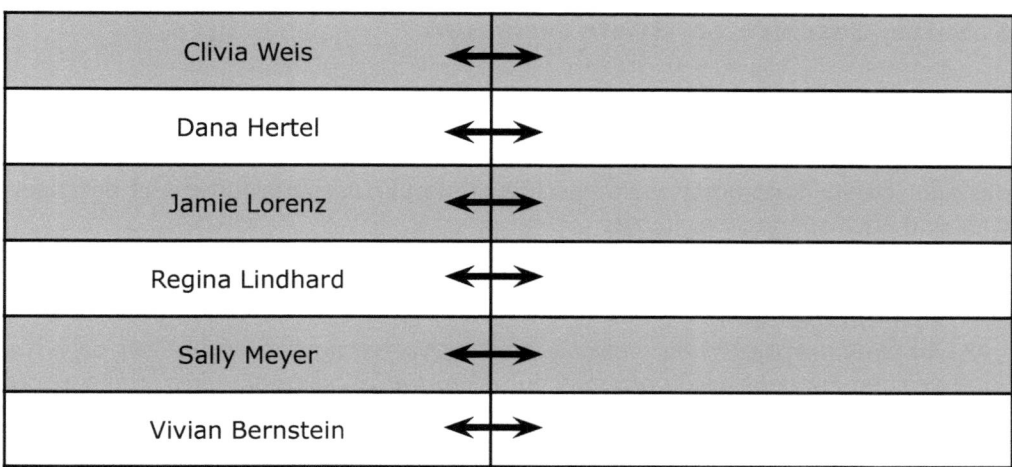

 Mattes Wendrig, 28 J., Tierarzt, Hobby: Pferde	 Achim Berger, 36 J., Schriftsteller, Hobby: lesen	 Uwe Bender, 34 J., Disponent, Hobby: schwimmen
 Deik Bukowskie, 24 J., Reitlehrer, Hobby: reiten	 Kevin Dahlhaus, 22 J., Soldat, Hobby: tanzen	 Peter Georgy, 29 J., Arzt, Hobby: Reisen

5. Sätze, Geschichten, Briefe verfassen

5.1 Unfall in der Straßenbahn: DETAILREICHE BESCHREIBUNGEN

Wenn man die beiden folgenden Sätze miteinander vergleicht, dann wird auffallen, dass der zweite Satz durch viele beschreibende Eigenschaftswörter viel anschaulicher und auch spannender klingt:

1. *Am Vormittag kam es auf der Straße zu einem Unfall zwischen einem PKW und einer Straßenbahn.*
2. *An einem regnerischen, bewölkten Herbstvormittag kam es auf der nass-rutschigen Friedensstraße plötzlich zu einem Unfall zwischen einem roten Sportwagen und einer um diese Uhrzeit vollbesetzten Straßenbahn.*

Versuchen Sie nun durch das Einfügen von Eigenschaftswörtern die untenstehenden Sätze interessanter zu machen. Als kleine Hilfe können Sie aus der Liste von Adjektiven im Anhang Worte auswählen.

1.   Eines Tages lag ein Mädchen auf einer Wiese.

An einem _____ Tag lag ein _____Mädchen auf einer _____ Wiese.

2.   Mittwoch hielt der Außenminister eine Rede über die Zusammenarbeit.

_____ Mittwoch hielt der _____ Außenminister eine _____ Rede über die _____ Zusammenarbeit.

3.   Ich saß im Zug nach Hamburg und sah auf einem Feld Rehe.

Ich saß_____ im_____ Zug nach Hamburg und sah auf einem _____ Feld _____ Rehe.

4.   Der Gartenverein bietet drei Gärten zur Pacht an.

Der_____ Gartenverein _____ bietet drei _____ _____ Gärten _____zur Pacht an.

5.   Am Sonntag führt der ADAC einen Autotrainingskurs für Anfänger durch.

Am _____Sonntag _____ führt der ADAC einen ____ _____ Autotrainingskurs für _____ Anfänger durch.

6. Die Autobahn war wegen eines Unfalls gesperrt.

Die _____Autobahn _____ war _____wegen eines _____ Unfalls _____ gesperrt.

7. Drei Kinder bekamen Ärger mit einem Hausbesitzer, weil sie auf seinem Privat-
grundstück spielten.

Drei _____ Kinder _____ bekamen _____
Ärger mit einem _____ Hausbesitzer, weil sie auf seinem Privat-
grundstück _____ spielten.

8. Das Mädchen wurde von einem Hund gebissen.

Das_____Mädchen wurde_____ von
einem_____Hund gebissen_____.

9. Die Abiturienten beendeten ihre Reifeprüfung mit einer Feier.

Die _____Abiturienten _____ beendeten ihre _____
Reifeprüfung mit einer_____ Feier_____.

10. Der Zoo feierte seinen 75. Geburtstag mit vielen Gästen.

Der_____ Zoo_____feierte seinen 75.
Geburtstag _____ mit vielen_____ Gästen_____.

11. Die Arbeiten an der alten Burg beginnen.

Die _____ Arbeiten _____ an der _____
alten_____ Burg beginnen_____.

12. Ein kleines Dorf feiert sein erstes Kinder- und Familienfest.

_____feiert das kleine Dorf _____ sein erstes
_____Kinder- und Familienfest.

13. In Schwindelbach präsentierten Künstler ihre Bilder.

In _____ Schwindelbach _____präsentierten_
_____ Künstler ihre _____ Bilder.

Versuchen Sie nun durch eine Vielzahl von detaillierten Beschreibungen auch die folgenden Sätze so zu verbessern, dass sie aus dem Zustand der tristen Langeweile in den Himmel höchster Lesbarkeit emporgehoben werden. Hier werden, im Gegensatz zur letzten Übung, keine einzelnen freien Plätze mehr vorgegeben. Dafür haben Sie aber auch die Freiheit, die Satzteile umzustellen und weitere Informationen hinzu zu fügen. So sollten Sie z.B. ruhig so mutig sein, den Ort des Geschehens (z.B.: *in München, in der Goethestraße, auf Mali, auf dem Planeten Venus,* usw.), die Tages- und Jahreszeit (z.B. *am 12. Oktober des Jahres 1617, am sommerlich-schwülen Abend eines Spätsommertages* etc.) oder beteiligte Personen (z.B. *Polizei, Räuber, Passant, Liebespaar, Schulklasse,* Kleinkinder...) frei zu erfinden.

1. Eine aus dem Zoo entwichene Raubkatze konnte wieder eingefangen werden.

2. Die Rakete startete ins All.

3. Der Fußballstar hatte eine Frau an seiner Seite.

4. Eine Katze stürzte aus dem 4. Stock und überlebte.

5. Samstag lassen sich die Bilder des Künstlers bewundern.

6. Die Hochzeit des Filmstars fand in einer Kirche statt.

7. Insekten überfluteten die Innenstadt.

8. Auf der Blumenmesse waren Pflanzen zu bewundern.

9. Der Kinofilm war gut besucht.

10. Auf dem Schiff feierte man Abschied.

11. Im letzten Urlaub habe ich Fotos gemacht.

12. Das erste Date fand in einem Café statt.

5.2 *In Fensterscheibe eingeparkt:* BERICHT VERBESSERN

Nun wollen wir dasselbe mit einem ganzen Text üben. Versuchen Sie, die folgenden Texte so zu transformieren, dass sie anschaulicher und spannender klingen. Geben Sie den beteiligten Personen und Orten ruhig einen Namen und halten Sie sich nicht sklavisch an die Vorgaben, sondern ergänzen Sie die Beschreibung um interessante Nebendetails.

Auf dem Weg von einem Restaurant nach Hause verursachte eine Frau einen Unfall. Sie kam mit ihrem PKW von der Straße ab. Sie prallte zunächst gegen einen Hydranten. Dann drehte der Wagen sich. Danach zerstörte er Fahrräder. Als letztes blieb er in einer Schaufensterscheibe stecken.

....

....

....

....

....

....

....

Donnerstag: Ausstellung von Aktfotos von einem Fotografen, der seine Technik vormachen wird und für Fragen zur Verfügung steht. Diese Veranstaltung findet in der Zeit von 19.00-21.00 Uhr statt. Veranstaltungsort ist ein Museum.

....

....

....

....

....

....

....

....

Kommenden Montag soll das neue Kino eingeweiht werden. Derzeit laufen in dem Gebäude aber noch viele Arbeiten und man weiß nicht, ob es rechtzeitig fertig wird. Es soll ein Film gezeigt werden und außerdem gibt es ein Getränk zum Empfang.

....

....

....

....

....

....

....

Naturkatastrophe: In Südamerika kam es zu Überschwemmungen. Viele Menschen sind obdachlos. Auch Hunger droht. Hilfsorganisationen schicken Medikamente. Um Spenden wird gebeten.

....

....

....

....

....

....

....

In Paukenhain ist am Wochenende ein Reitturnier. Es dauert drei Tage. Viele Preise und Pokale sind zu gewinnen. Live-Musik von den Mönchstaler Musikanten.

....

....

....

....

....

....

....

5.3 *Keine halben Sachen:* SÄTZE ERGÄNZEN

Hier finden Sie etliche halbe Sätze, zu denen Sie ein logisches Ende finden sollen:

1. Mit kräftigem Schwung sprang die Katze auf einen Baum, weil sie...

2. Die fünfjährige Carola weinte herzzerreißend, denn ...

3. Karl-Otto hatte furchtbare Angst ...

4. Er träumte oft davon, dass ...

5. Das Auto fuhr in den Straßengraben, weil ...

6. Die Fische starben,...

7. Die Mutter bereitete ein Festmahl vor,...

8. Der Postbote konnte den Brief nicht in den Briefkasten stecken, da ...

9. Bei dem Rennen konnte er nicht gewinnen, da...

10. Sie musste ins Gefängnis, weil...

11. Das Hotel musste geschlossen werden, da....

12. Sie rannten um ihr Leben, weil...

13. Der Stuhl brach auseinander,...

14. Die kleine Marie wollte nur das eine Lied hören, da...

15. Der Koch aus dem 3-Sterne-Hotel bekam einen roten Kopf,...

16. Das junge Mädchen ließ sich ihre Haare ganz kurz schneiden, weil...

17. Julia suchte Trost bei ihrem kleinen Hund, denn ...

18. Der Kaffee schmeckte ihr heute nicht, weil ...

19. Die Krawatte hatte einen roten Fleck, da ...

20. Die Eltern sperrten ihm das Taschengeld, weil ...

21. Die Hochzeit platzte, da ...

5.4 *Die küssende Geheimagentin:* ORIGINELLE SÄTZE

Versuchen Sie nun zu den folgenden Sätzen eine Satzhälfte zu erfinden, die möglichst originell und ungewöhnlich ist. Beispiel: *Cindy küsste Hans-Dieter sanft auf die Lippen, weil ...*

Nahe liegend wäre es hier zu ergänzen: *Cindy küsste Hans-Dieter sanft auf die Lippen, weil sie sich in ihn verliebt hatte.*

Originell wäre: *Cindy küsste Hans-Dieter sanft auf die Lippen, weil sie eine Geheimagentin war und sich an ihren Lippen ein Narkotikum befand, durch das Hans-Dieter gezwungen war, die Wahrheit über seine strenggeheime Erfindung auszuplaudern.*

Schreiben Sie also hier nicht einfach eine simple Fortsetzung des Satzes hin, sondern bemühen Sie sich ein möglichst verrücktes Ende zu finden. Wenn Ihnen nichts einfällt, dann benutzen Sie eine der Techniken, die wir im Theorieteil am Anfang dieses Buches vorgestellt haben, z.B. die freie Assoziation oder die Zufallssuche.

Als Erik die Zeitung aufschlug, sah er...

In dem Bilderrahmen befand sich kein Foto, sondern...

Kai machte Sabine einen Heiratsantrag, weil...

Als Peter auf dem Dachboden kam, sah er...

Elsa setzte ihre Sonnenbrille auf, ...

Irma umarmte ihren Enkel, weil...

Als Steffi die Tür öffnete, ...

In der Vase standen keine Blumen, sondern...

Im Schweinestall fand man...

Als das Marmeladenbrot herunter fiel...

Gabi schloss die Augen...

Die Fischschwärme schwammen nach Norden...

5.5 *Zwei Karten für das Kamasutra:* AUSREDEN ERFINDEN

Nachdem Sie inzwischen geübt haben, kreative Texte zu schreiben, folgt nun eine alltagsnahe Aufgabe, die Ihnen auch im täglichen Leben nützen wird. Es geht darum, glaubhafte Ausreden zu erfinden. Was würden Sie sagen, wenn…

Sie sind von Ihrer Schwiegermutter am Sonntagnachmittag zu Kaffee und Kuchen eingeladen worden. Der Nachmittag verspricht noch besser zu werden, weil erwähnt wird, dass auch die beiden Omas aus dem Altersheim kommen werden und ihre Cousine mit den vierjährigen, quirligen und in Ihren Augen völlig hyperaktiven Zwillingen. Kurz und gut, Sie haben ohnehin keine große Lust zu diesem Event als ein guter Freund anruft und Sie fragt, ob Sie zur selben Zeit mitkommen möchten zu einem Open-Air Livekonzert Ihrer Lieblingsgruppe. Sie rufen Ihre Schwierigmutter an und sagen:

....

....

....

....

....

....

....

Zum 28. Mal in diesem Jahr haben Sie morgens verpennt und sind weit über eine Stunde zu spät zur Arbeit gekommen. Dummerweise war eine Besprechung, die Sie voll verpasst haben und Ihr Chef steht mit grimmiger Miene schon lauernd vor der Tür zu Ihrem Arbeitsplatz. „Tut mir leid. Ich habe mal wieder verschlafen" wäre das Dümmste, was Sie nun sagen können. Fällt Ihnen eine gute Story ein, die den Chef zu Tränen rührt, weil Sie altruistisch und ohne an Ihr eigenes Leben zu denken jemand anderem aus höchster Not geholfen haben?

....

....

....

....

....

....

....

Ihr Partner hält Ihnen zwei Kinokarten für den Film „Kamasutra der Liebe" vor die Nase, die sich in Ihrer Tasche befunden haben. Hmmmm… Eine schwierige Situation, das zu erklären. Was werden Sie sagen, um die Existenz dieser Kinokarten zu erklären?

....

....

....

....

....

....

....

Sie haben sich um eine Stelle beworben, die im Ausschreibungstext unter anderem „gute Englischkenntnisse" verlangt. Im Einstellungsgespräch werden Sie gefragt, warum Sie sich beworben haben, obwohl Sie in ihrem Zeugnis nur ungenügende Leistungen im Fach Englisch vorweisen können? Finden Sie eine Ausrede, wie Sie zu so einer schlechten Benotung gekommen sind.

....

....

....

....

....

....

....

Bei einer Geschwindigkeitskontrolle werden Sie von einem Polizisten heraus gewunken, weil Sie 40km/h zu schnell gefahren sind. Welche Ausrede fällt Ihnen ein?

....

....

....

....

....

....

....

Im Bus werden Sie von einen Kontrolleur nach Ihrer Fahrkarte gefragt, leider haben Sie völlig vergessen sie im Automaten abzustempeln. Was werden Sie dem Schaffner zur Erklärung Ihrer Situation antworten?

....

....

....

....

....

....

In einem Einkaufszentrum sind Sie so in Gedanken, dass Sie nicht bemerken, dass Sie Ihr Gemüse nicht in Ihren Einkaufswagen legen, sondern in den einer anderen Kundin, deren Tasche am Wagen hängt. Ohne zu bemerken, dass dies nicht ihr Einkaufswagen ist, gehen sie weiter. Plötzlich steht die Frau hinter Ihnen und beschuldigt Sie als Dieb und glaubt auch keinesfalls an einen Zufall. Wie erklären Sie ihr die Situation?

....

....

....

....

Ihr Partner bittet Sie noch schnell einen Kuchen zu backen, da er noch Besuch von einem wichtigen Geschäftspartner erwartet. Da Sie unter Zeitdruck stehen bemerken Sie nicht, dass Sie statt Zucker, Salz in den Kuchen gemischt haben. Diese Peinlichkeit wollen Sie aber auf keinen Fall preisgeben. Wie rechtfertigen Sie sich vor dem Besucher?

....

....

....

....

....

....

5.6 *Die liebevolle Mahnung:* BRIEFE VERFASSEN

Im Theorie-Teil hatten wir schon das Beispiel einer Mahnung gebracht und gezeigt, dass man auch geschäftliche Briefe nicht so schreiben muss, wie das in Ihrer Firma bereits seit 100 Jahren gemacht wird. Die neue Variante kommt vielleicht viel besser an. Dasselbe funktioniert auch im privaten Bereich. Entwerfen Sie einige Schreiben für folgende Sachverhalte:

1. Beschwerde an Ihren Vermieter wegen ständigen Lärms aus der Nachbarwohnung:

....
....
....
....
....
....
....
....
....

2. Kündigung Ihres Zeitschriften-Abonnements:

....
....
....
....
....
....
....
....
....
....
....
....

3. Bitte um Zahlungsaufschub, da man die monatliche Rate für ein neues Gerät/Möbel/Auto nicht pünktlich zahlen kann:

....

....

....

....

....

....

....

....

4. Entschuldigungsbrief an den Schuldirektor, weil Ihr kleiner Sonnenschein in der Turnstunde den Sportlehrer als „oberfaulen Dussel" bezeichnet hat:

....

....

....

....

....

....

....

....

5. Eine originelle Liebeserklärung:

....

....

....

....

....

....

....

....

5.7 *Klein-Lisa und das grelle Licht:* **GESCHICHTE BEENDEN**

Hier wird nur der Anfang einer Kurzgeschichte vorgegeben, die Sie weiter schreiben sollen. Versuchen Sie dabei ein möglichst überraschendes und unvorhersehbares Ende zu finden, selbst wenn es etwas unglaubwürdig sein sollte.

Lisa auf der Suche nach einer Erklärung

An einem Sonntag im Oktober ging Lisa zu ihren Großeltern. Da Oma und Opa für Lisa immer eine Überraschung hatten, war sie an dem Tag besonders gespannt, was sie diesmal wohl erwarten würde. Das letzte Mal durfte sie die kleinen Hasen mit einer Flasche füttern. Am Haus der Großeltern angekommen, klopfte sie heftig an der Tür, aber ihr öffnete niemand. Dann bemerkte sie, dass die Tür einen Spalt offen stand. Durch diesen Spalt sah sie ein grelles Licht. Vorsichtig öffnete sie die Tür noch ein Stück und plötzlich hörte sie seltsame Geräusche ...

....

....

....

....

....

....

....

....

....

....

....

....

....

Im Dunkeln der Nacht

In einer mondlos-dunklen Nacht schlief Torsten Feinhuber tief und fest, als ihn plötzlich seine Frau Sandra rüttelte. Gähnend und durch die abrupte Störung miss-gelaunt rieb er sich die Augen und glotzte seine Gemahlin ebenso verständnislos wie todmüde an. Sandra saß mit schräg gehaltenem Kopf aufrecht im Bett als würde sie auf etwas lauschen. Nachdem sie längere Zeit nichts gesagt hatte, ließ er sich wie-der in die Kissen zurück fallen und taumelte sanft ab in die Tiefen des Traumschlafs. Dann aber meldete sich der Rest seines Verstandes zwischen der Müdigkeit des Ge-hirns und raunte ihm zu, dass irgendetwas nicht stimmten konnte. Mühsam zwang er sich also dazu, die Augen wieder einen Spalt breit zu öffnen. Seine Frau saß noch immer in derselben Haltung aufrecht im Bett...

Das üble Einschreiben

Es war von Anfang an ein miserabler Tag. Werner Watt war schon am frühen Morgen mit Kopfschmerzen aufgewacht und auch ein starker Kaffee hatte an seinem Gemütszustand wenig ändern können. Die Vergangenheit hatte ihm ebenso übel mitgespielt wie das Schicksal. Nach einem fiesen Streit mit seinem Chef war ihm gekündigt worden und als er kein Geld mehr mit nach Hause brachte, hatte seine Frau sich überlegt, dass sie Bernd, bis vor kurzem sein bester Freund, auch ganz nett fand. Rasieren, Waschen und Zähneputzen hielt Werner an diesem Morgen nicht für unbedingt notwendig, da an diesem Tag ohnehin nichts anlag als gelegentlich einmal im Internet die aktuellen Stellenanzeigen zu checken. Dass dann gegen 10:00 Uhr auch noch die Türklingel gellend schellte, wirkte sich auch nicht unbedingt positiv auf seine Kopfschmerzen aus. Übel gelaunt öffnete er die Tür und quittierte dem Briefträger ein Einschreiben von einem Rechtsanwalt, dessen Name er noch nie gehört hatte. Unruhig geworden riss er den Briefumschlag mit zittrigen Fingern auf...

....

....

....

....

....

....

....

....

....

....

....

....

....

....

....

Geheimnisvolle Hütte

Klaas Klausen hatte mit seiner 8jährigen Tochter Florentine einen stundenlangen Herbstspaziergang entlang der einsamen Strände der westfriesischen Nordsee gemacht. Zu spät und erst beim Umkehren waren ihm die finsteren Gewitterwolken aufgefallen, die sich heimlich in ihrem Rücken gesammelt hatten. Nach geraumer Zeit und noch zu weit von ihrer Ferienwohnung entfernt, begann es zart zu nieseln, dann Bindfäden zu regnen und schließlich begann um sie herum ein schlimmer Orkan mit Sturmböen und heftig zuckenden Blitzen zu toben. Nach Millisekunden waren sie durchnässt und als dann auch noch ein Blitz in eine nicht weit entfernte Eiche einschlug, bekam Florentine einen mittelschweren Panikanfall und forderte von ihrem Vater, er solle sofort einen Hubschrauber oder wenigstens einen allradgetriebenen Jeep herbeirufen, um sie zu retten. Beide Pläne waren zum Scheitern verurteilt, weil Klaas Klausen sein Handy nicht mitgenommen hatte. Zwischen den sturmgepeitschten Bäumen am Rand des Strandes erspähte er aber eine verfallene Hütte, die Schutz und Trockenheit versprach. Atemlos rannten sie dorthin, sahen dann aber aus geringer Entfernung, dass das Häuschen nicht – wie ursprünglich angenommen – unbewohnt war, sondern aus dem Fenster drang ein leichter, kaum wahrnehmbarer bläulich-flackernder Lichtschein...

Der Schrei in der Nacht

Jan Jansen war gerade dabei, sich seine letzte Zigarette zu drehen. Nun ja, vermutlich nur die letzte an diesem Tag, denn es war ohnehin schon kurz vor Mitternacht und es ließ sich nicht vermeiden, dass er aus rein zeittechnischen Gründen die nächste erst am kommenden Tag rauchen konnte. Jan stand einsam und verlassen in der U-Bahn-Station und wartete auf den allerletzten Zug. Urplötzlich zuckte er zusammen wie ein angeschossenes Tier als überraschend und völlig ohne Vorankündigung ein gellender Schrei die Stille der Nacht zerfetzte.

....

....

....

....

....

....

....

....

....

....

....

....

....

....

....

....

....

....

....

....

Die gute Schreckensnachricht

Uta saß schon gegen 17:00 Uhr im Wohnzimmer und langweilte sich mit einer kitschigen Soap-Opera im Fernsehgerät. Ihr Freund tippte auf dem PC herum. Die Friedlichkeit des ruhigen Nachmittags wurde von der quietschigen Melodie des Telefons unterbrochen. Etwas angenervt griff sie zum Hörer und meldete sich ohne Enthusiasmus mit ihrem Nachnamen. Dann jedoch hörte sie der Stimme am anderen Ende der Leitung zunächst gespannt, dann aber wie gebannt zu. Schließlich sagte sie nur noch: „Oh Gott!"...

....

....

....

....

....

....

....

....

....

....

....

....

....

....

....

....

....

....

....

....

5.8 *Wörtlich genommen*: DIE DIREKTE BEDEUTUNG ERFASSEN

Unter einem *„Fernseher"* stellen wir uns sofort ein quadratisches Gerät vor, bei dem man sich darüber ärgert, dass zwei Minuten vor dem Ende des spannenden Films noch ein Werbeblock eingeblendet wird. Streng genommen, in seiner wörtlichen Bedeutung, könnte ein *Fernseher* aber auch ein Mensch sein, der auf einem Berg steht und in die Ferne schaut. Das Wort *„bisschen"* ist in seiner wörtlichen Bedeutung ein kleiner Biss. Solche Worte gibt es viele, man muss sie in ihre Bestandteile zerlegen und überlegen, ob sich daraus eine veränderte Bedeutung ergibt? Sehr schön ist z.B. *„Ostern"* in der Bedeutung *„Oh, ein Stern!"* zu benutzen. Oft lassen sich witzige Effekte erzeugen, wenn man diese Technik anwendet. Versuchen Sie auch einmal solche Begriffe zu finden. Lassen sie sich ruhig Zeit dabei und prüfen Sie innerhalb der kommenden Tage nebenbei, ob und welche solcher Worte Ihnen im Alltagsleben auffallen.

Wort	wörtliche Bedeutung
kalorienarm	ein Arm aus Kalorien
Bäckerei	das Ei des Bäckers

6. Das Gespräch

6.1 *Einmal Moderator sein:* FRAGEN FÜR DIE TALK-SHOW

Sie haben bei einer Verlosung einen Besuch in einem Fernsehstudio gewonnen. Dort treffen Sie auf einen Ihrer Lieblingsschauspieler, der gerade in einer Talkshow ein Interview geben soll. Der Moderator bittet Sie, als Gast das Interview zu machen. Sie sollen ihm mindestens acht Fragen stellen. Um ein sinnvolles Gespräch zu führen, machen Sie sich vorher Notizen zu den Fragen:

....

....

....

....

....

....

....

....

....

Jetzt sollen Sie ein weiteres Interview geben, aber diesmal mit einem Politiker, dessen Namen Sie selbst wählen können. Sie sollen ihm mindestens zehn Fragen stellen:

....

....

....

....

....

....

....

....

6.2 *Wo war Christines Freund heute Nacht?* DIALOG

Ein Text hört sich sehr viel lebendiger an, wenn er wörtliche Rede beinhaltet. Dies soll hier geübt werden. Wir beginnen mit einem einfachen Dialog, bei dem Sie zunächst nur die Antworten des zweiten Sprechers einfügen sollen. Versuchen Sie Sätze zu entwickeln, die sinnvoll zwischen Christines Aussagen passen.

Christina: *„Ich konnte die ganze Nacht nicht schlafen und bin jetzt todmüde."*

Ihre Aussage:

....

....

....

Christina: *„Stell' Dir vor, mein Freund ist die ganze Nacht nicht nach Hause gekommen. Deswegen konnte ich nicht pennen."*

Ihre Aussage:

....

....

....

Christina: *„Klar hab' ich mir Sorgen gemacht. Ich hab' gedacht, es sei ihm etwas passiert. Hätte ja ein Unfall sein können..."*

Ihre Aussage:

....

....

....

Christina: *„Nein, nein. Er hat mich gerade mit seine Handy angerufen und sich entschuldigt."*

Ihre Aussage:

....

....

....

Christina: *„Naja. Er hat gesagt, er wäre gestern Abend mit einem Freund versackt* *und hätte dort gepennt."*

Ihre Aussage:

....

....

....

Christina: *„Tja. So ganz glaubwürdig finde ich seine Story echt nicht. Mit Torsten hat er sich die ganzen letzten Jahre nie getroffen und hat immer gemeint, der Typ sei ein Spinner. Und nun lässt er mit dem die Sau raus und bleibt plötzlich über Nacht dort?"*

Ihre Aussage:

....

....

....

Christina: *„Also, wenn Du mich so fragst, so ganz O.K. war unsere Beziehung in letzter Zeit nicht. Wir sind ja auch schon fast fünf Jahre zusammen."*

Ihre Aussage:

....

....

....

Christina: *„Naja. Ich weiß auch nicht. Was glaubst du denn?"*

Ihre Aussage:

....

....

....

Christina: *„Hmmm. Das stimmt schon, was Du sagst. Meinst Du wirklich?"*

Ihre Aussage:

....

....

....

Christina: „Darüber habe ich noch nie nachgedacht. Aber was soll ich jetzt tun?"

Ihre Aussage:

....

....

....

Christina: „Ich weiß nicht, ob ich das tun kann. Gibt es nicht noch andere Möglichkeiten?

Ihre Aussage:

....

....

....

Christina: „Na, du hast gut reden. Das stellst du dir ja ganz schön einfach vor!"

Ihre Aussage:

....

....

....

Christina: „Also nein. Ich glaube du spinnst! Ich dachte du wärst meine Freundin."

Ihre Aussage:

....

....

....

....

....

....

....

....

6.3 *Banküberfall*: WÖRTLICHE REDE

In dieser zweiten Übung zur wörtlichen Rede sollen Sie folgende Geschichte so ausarbeiten, dass das Geschehen sich in dem Gespräch zwischen zwei Personen widerspiegelt.

Bevor Sie Ihre Einkäufe erledigen, wollten Sie noch kurz in der Bank etwas Bargeld abheben. Während Sie vor in der Warteschlange vor dem Geldautomaten im Vorraum stehen, stürmen plötzlich zwei maskierte Männer in den Kassenraum und brüllen dort herum. Ein Schuss ertönt. Panisch fliehen Sie und die anderen aus dem Vorraum auf die Straße. Sie suchen Schutz im sicheren Abstand und beobachten wie die beiden maskierten Bankräuber wenig später aus der Bank stürmen und in ein wartendes Auto springen. Kurze Zeit später trifft die Polizei ein. Wie viele andere, wenden Sie sich an die Polizisten und ihre Personalien werden aufgenommen, damit Sie später befragt werden können. Kaum Zuhause rufen Sie Ihre beste Freundin bzw. Ihren besten Freund an. Es ergibt sich folgender Dialog:

....

....

....

....

....

....

....

....

....

....

....

....

....

....

....

....

6.4 *Sind Sie schlagfertig?* CARTOONS ERGÄNZEN

In den folgenden Comic-Bildern haben Sie immer den Dialog zwischen zwei Menschen. Eine Person sagt etwas und Ihre Aufgabe besteht nun darin, eine möglichst
originelle, freche, gewitzte oder intelligente Antwort zu geben.

7. Tipps für die Boulevard-Zeitung

7.1 Sex-Skelett in Todeshöhle: AUFREISSER-TITEL

Niemand wird besonders darauf achten, wenn die Titelzeile Ihres Berichtes aussagt: *„Sportfest der Gymnasien am 8. Juli"*; aber jeder wird es lesen, wenn die Überschrift zum selben Ereignis herausschreit: *„8. Juli: Teenager im Höllenschweiß!"*

Die Entwicklung eines reißerischen Titels für eine Boulevard-Zeitung ist ganz einfach. Suchen Sie sich aus folgender Wortliste oder aus dem Anhang dramatischer Begriffe hinten in diesem Buch einige aus und verbinden Sie diese zu einem sinnvollen Satz. Versuchen Sie ruhig nach dem Zufallsprinzip drei oder vier Worte auszuwählen, die Sie dann irgendwie verbinden, z.B.: *Höhle, Sex, Skelett* und *Tod*. Daraus ließe sich machen: *„Sex-Skelett in Todeshöhle"* oder *„Todesskelett in Sexhöhle"*. Natürlich können Sie weitere Worte, die nicht in dieser Liste stehen hinzufügen, um dem jeweilige Satz einen Sinn zu geben.

Aas, Aberglaube, Abgrund, Abrakadabra, Absturz, Amputation, Angst, Auge, Betrug, Blödheit, Blut, Bluthund, Boxer, Busen, Callgirl, Dämon, Demenz, Depression, Drache, Drogen, Dummheit, Eingeweide, Einsturz, Eiter, Ekel, Engel, Enthauptung, Erdbeben, Erotik, Fallbeil, Fee, Flirt, Flutwelle, Fraß, Fresse, Froststarre, Geier, Geifer, Geist, Genie, Gerippe, Geschlecht, Geschwür, Gift, Gott, Grauen, Hai, Halluzination, Held, Henker, Heroin, Herz, Hexe, Hirnamputierter, Hirngespinst, Hitze, Hochstapler, Höhle, Hölle, Hure, Idiotie, Irrgarten, Irrsinn, Jesus, Katastrophe, Killer, Knast, Kopfloser, Krallen, Liebe, Löwe, Massenmörder, Maul, Model, Monster, Mutation, Nackedei, Operation, Opium, Orkan, Palme, Panik, Paradies, Peinlichkeit, Piercing, Po, Politik, Powerfrau, Qual, Raubtier, Rausch, Reißzähne, Sauerei, Sauferei, Scham, Schizophrenie, Schönheit, Schwanz, Schweinerei, Schweiß, Schwert, Sex, Skalpell, Skandal, Skelett, Skorpion, Speichel, Spinne, Stachel, Star, Stich, Taifun, Tarantel, Tatoo, Teenager, Tentakel, Teufel, Tiefsee, Titten, Tod, Trauer, Urin, Verkehr, Wahnsinn, Weib, Weisheit, Weltmeister, Wüste, Zauberer, Zuchthaus, Zusammenbruch.

Ihre reißerischen Titel:

....

....

....

....

....

....

....

Eine gewisse Boulevard-Zeitung ist bekannt dafür, zu recht harmlosen Gegebenheiten Titelzeilen zu erfinden, durch die man die Aufmerksamkeit potenzieller Käufer fesseln kann. Ein Zweijähriger, der mit seinem Dreirad eine harmlose Beule in einem parkenden PKW verursacht hat, würde dann die Titelzeile bekommen:

TOTALSCHADEN!!! Zweijähriger Rowdy rammt Luxuslimousine.

Von einer bekannten Schlagersängerin, die sich ein kleines Bäuchlein angefressen hat, würde man gleich vermuten:

Schlagerstar Sunita schwanger? Wer ist der Vater?

Erfinden Sie maßlos übersteigerte Titel zu folgenden Begebenheiten:

Ein bekannter Politiker hat sich bei der Gartenarbeit mit der Rosenschere in den kleinen Finger geschnitten. Ihre Titelzeile:

Ein berühmter, 31jähriger Fußballstar soll angeblich im angetrunkenen Zustand zu einem 16jährigen Mädchen gesagt haben, wenn er jünger sei, würde er sie „gerne mal vernaschen".

Ein bekannter Schlagerstar stürzte mit dem Fahrrad und blutete stark am Kopf.

Der Bürgermeister von B. trägt auch bei Regen eine Sonnenbrille, da er eine Augenentzündung hat.

Nach einen Konzert hatte eine bekannte Sängerin einen leichten Schwächeanfall.

Bei einem kleinen Verkehrsunfall holte sich ein Model eine kleine Beule am Kopf. Sie wurde zur Beobachtung in ein Krankenhaus eingeliefert.

Der Schauspieler Arnold S. vergab nicht nur Autogramme, sondern auch manchmal ein kleines Küsschen.

Im Restaurant wurde eine Schauspielerin beobachtet, wie sie nach dem Essen blass zur Toilette lief.

7.2 *Sie sind Chefredakteur*: DIE EIGENE ZEITUNG

Hat bald jemand einen runden Geburtstag, ein Jubiläum oder eine Goldene Hochzeit? Geht jemand in Rente? Es gibt viele Anlässe, sich etwas Lustiges für eine Feier auszudenken. Eine kleine Zeitung rund um die Person, die geehrt wird, macht sich immer gut. Überlegen Sie sich eine Person aus Ihrer Verwandtschaft oder aus dem Freundeskreis, die bald einen ganz besonderen Feiertag begeht. Das Zeitungsblatt soll nach untenstehenden Raster ausgefüllt werden. Auf der nächsten Seite können Sie dann einen Entwurf für ihre Ausgabe machen.

Frei erfundenes Logo oder Wappen der Zeitung

Lustiger Name der Zeitung

am besten an Ihre Stadt angelehnt

Datum des Festtages

Reißerische Haupt-Titelzeile!!!

Freier Text über den Anlass der Feier (Geburtstag, Jubiläum, goldene Hochzeit usw.), am besten in Spalten.
Freier Text über den Anlass der Feier (Ge-

burtstag, Jubiläum, goldene Hochzeit usw.), am besten in Spalten.
Freier Text über den Anlass der Feier (Geburtstag, Jubiläum, goldene Hochzeit usw.), am besten in Spalten.

Ein Bild, Zeichnung, Foto, Comic der Person

Bildunterschrift, möglichst in einem anderen Schrifttyp

Weitere Abbildung

UNTEREGEORDNETE ÜBERSCHRIFT

Lustige Beschreibung des Lebenslaufs des Jubilars.

Lustige Beschreibung des Lebenslaufs des Jubilars.

WEITERE ÜBERSCHRIFT

Bezug auf ein aktuelles Ereignis, das gerade geschehen ist (Politische Wahlen, Katastrophe, Erfindung, usw.).
Erfinden Sie frei, welche Rolle die Person dabei gespielt haben könnte, etwa als Politiker, als Retter bei einer Katastrophe, als Erfinder usw.

7.3 *Die erste Story:* GESCHICHTEN ZU BILDERN

Erdichten Sie zu dem folgenden Bild zunächst eine treffende Überschrift und dann eine möglichst passende, spannende und ruhig übertriebene Geschichte. Hoffentlich finden Sie unsere Bilder nicht zu langweilig? Denn gerade darin liegt ja die Kreativität, sich auch zu einer scheinbar öden Begebenheit eine tolle Story auszudenken!!!

8. Grafische Kreativität

8.1 Zickzack mit Punkten: MUSTER ERFINDEN

Nachdem Sie im schriftlichen Bereich nun schon etliche kreative Fähigkeiten geübt haben, werden wir uns in den folgenden Aufgaben wieder den zeichnerischen Künsten zuwenden. Die erste Aufgabe besteht darin, in die unten vorgegebenen Felder möglichst viele unterschiedliche Muster hinein zu zeichnen. Es sollen vorwiegend regelmäßige Linienfolgen sein, die sich von Bild zu Bild untereinander wenig ähneln.

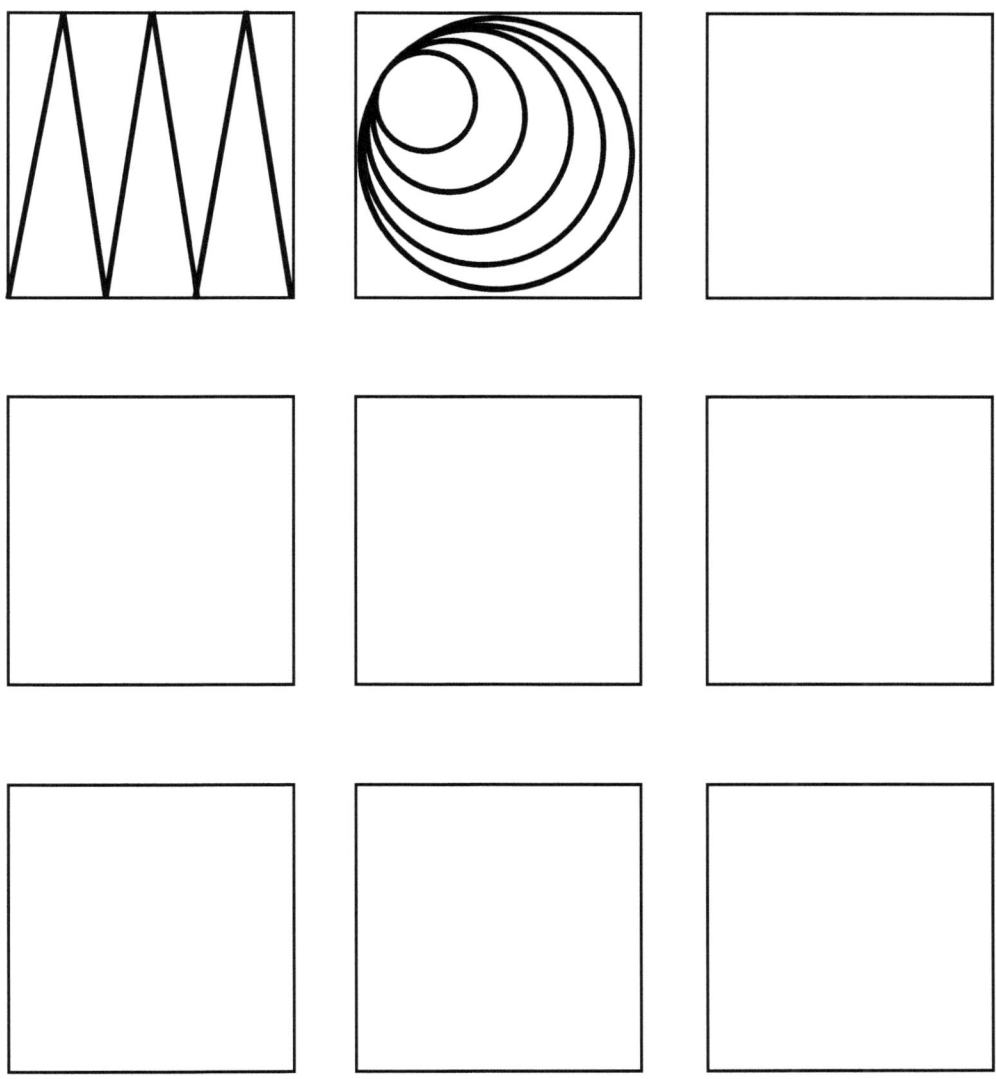

8.2 Bringen Sie es auf den Punkt: NEUE ANORDNUNGEN SUCHEN

Verbinden Sie diese Punkte auf möglichst viele unterschiedliche Art und Weise. Es brauchen nicht immer alle Punkte miteinander verbunden zu werden und die Linien müssen auch nicht zwangsweise nur gerade sein.

Fünf Punkte

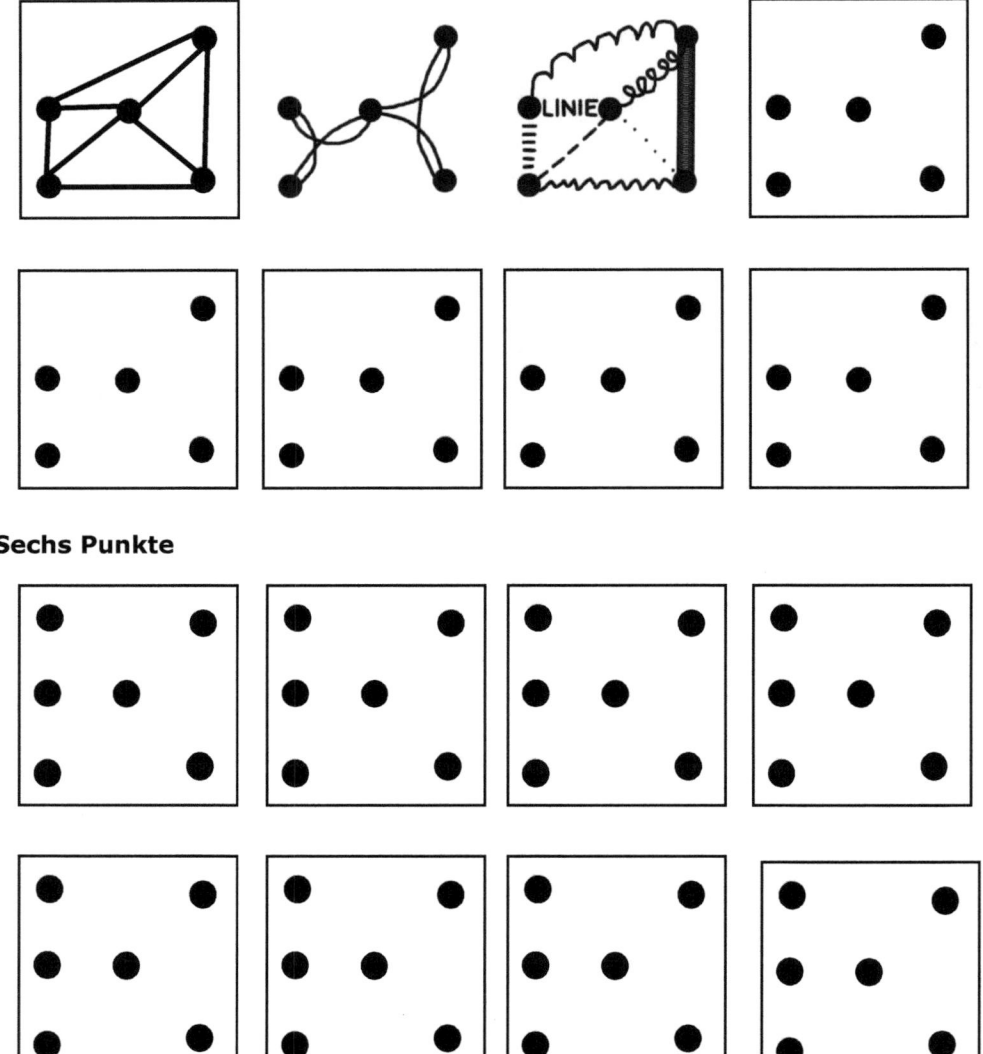

Sechs Punkte

8.3 Anders als es scheint: VOM VORGEGEBENEN ABWEICHEN

Aus diesen Vorgaben soll etwas völlig anderes gezeichnet werden, als es zunächst scheint.

Zum Beispiel: Sie sehen etwas, das wie ein Auge aussieht, aber Sie zeichnen dieses Auge nicht, sondern Sie malen einen Fisch daraus.

8.4 Tasse mit Füßen: LEBENDE GEGENSTÄNDE

In der nächsten Übung sollen Sie dem Gegenstand ein Gesicht und eventuell noch Gliedmaßen geben, so dass daraus eine Figur entsteht, die auch in einem Comic vorkommen könnte.

Zum Beispiel:

Eine schmunzelnde Tasse   Ein freundlicher Schuh

Zeichen Sie nun Ihre belebten Gegenstände in die freien Kästchen auf den folgenden Seiten.

8.5 *Das halbe Gesicht:* ZEICHNUNGEN ERGÄNZEN

Ergänzen Sie möglichst symmetrisch diese Zeichnung. Benutzen Sie am besten einen weichen Bleistift zum Schraffieren und verwischen Sie dann die grauen Flächen mit einen Tuch.

8.6 *Der bauchlose Frosch:* UNFERTIGE ZEICHNUNGEN

Ergänzen Sie nun die fehlenden Teile der folgenden Bilder.

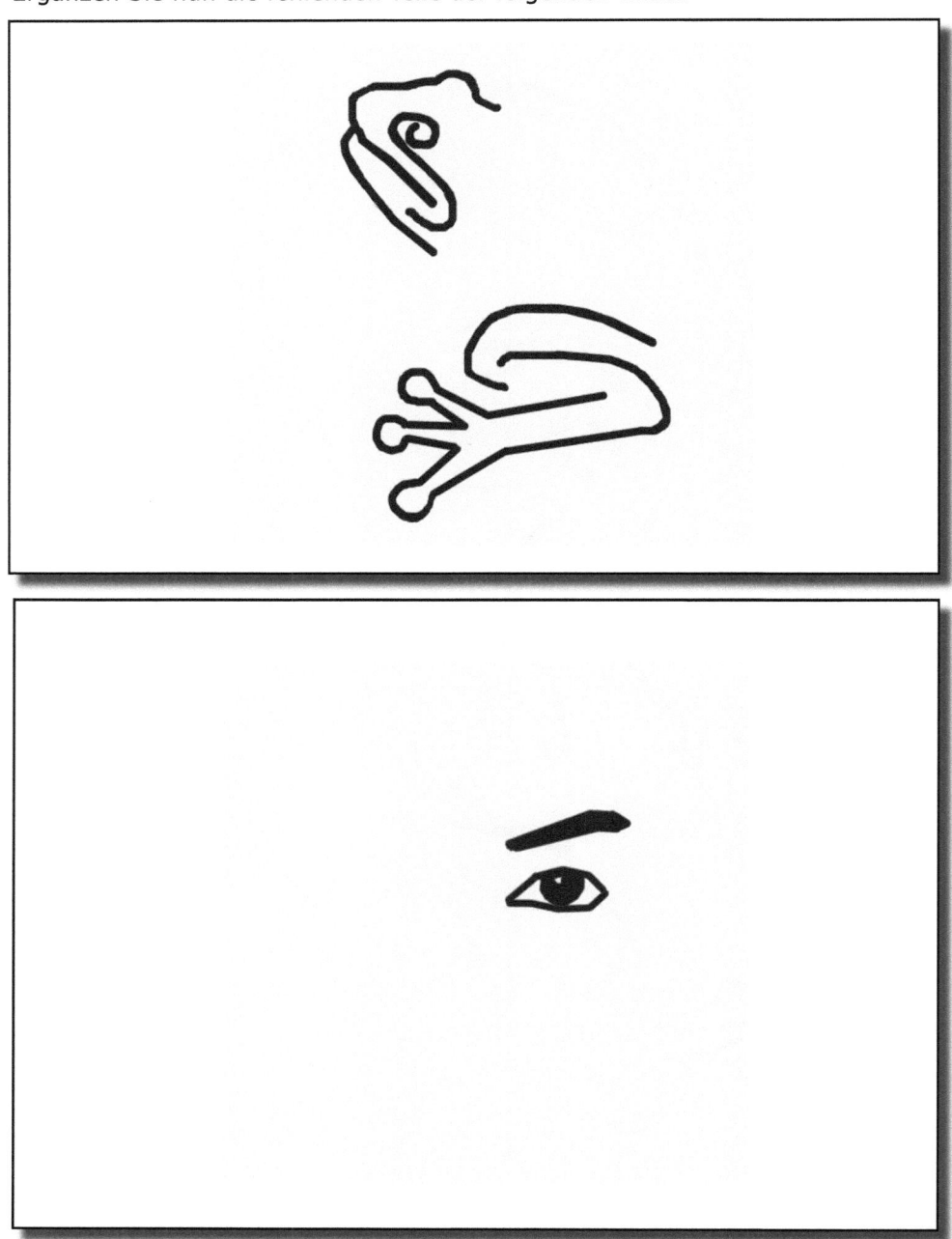

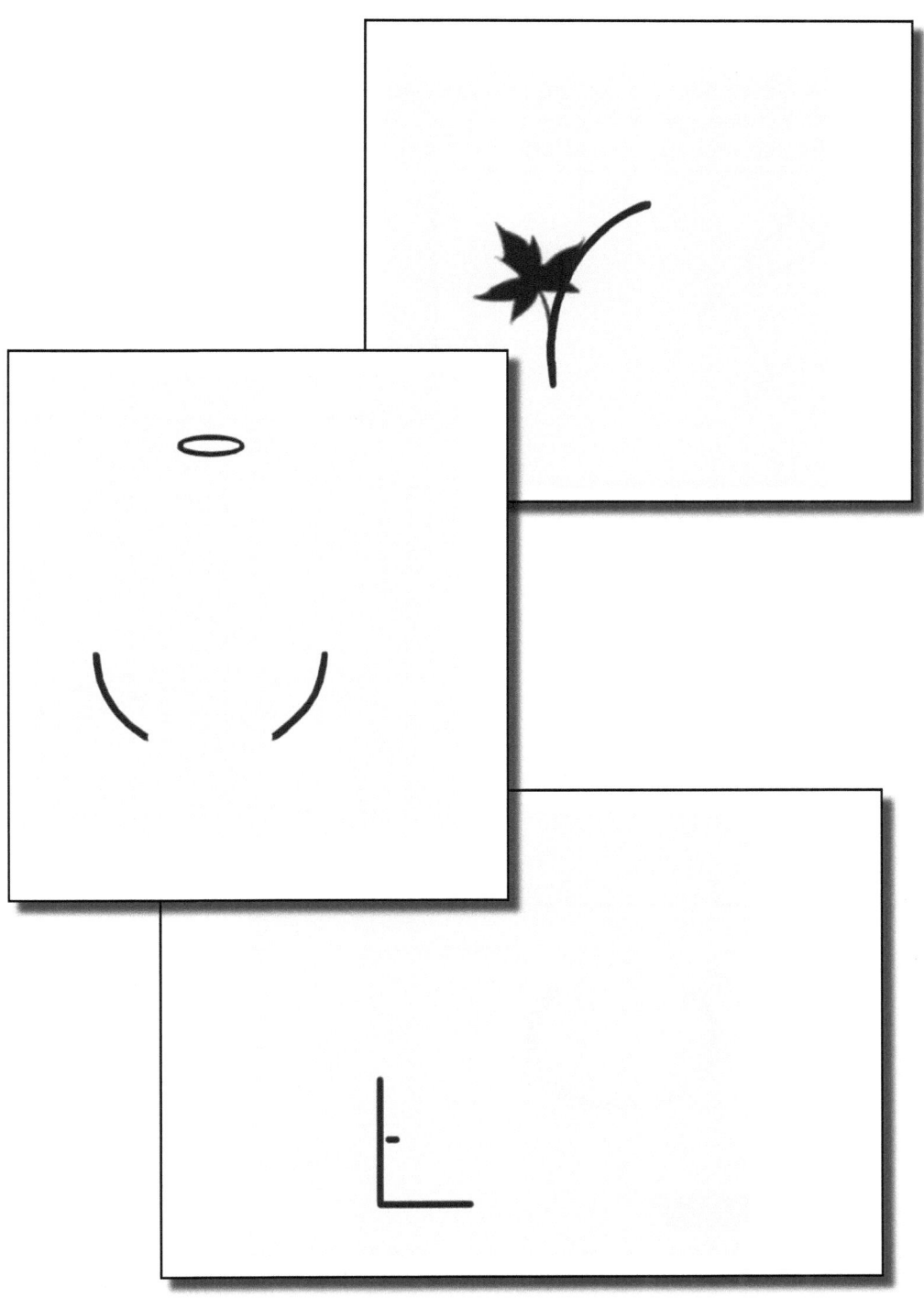

8.7 Was'n das denn? BILDER KREATIV VERVOLLSTÄNDIGEN

Auch bei dieser Aufgabe soll die angefangene Zeichnung vervollständigt werden. Hier haben Sie aber nur noch einige Linien als Vorgabe. Versuchen Sie eine Idee zu entwickeln, was man daraus darstellen könnte?

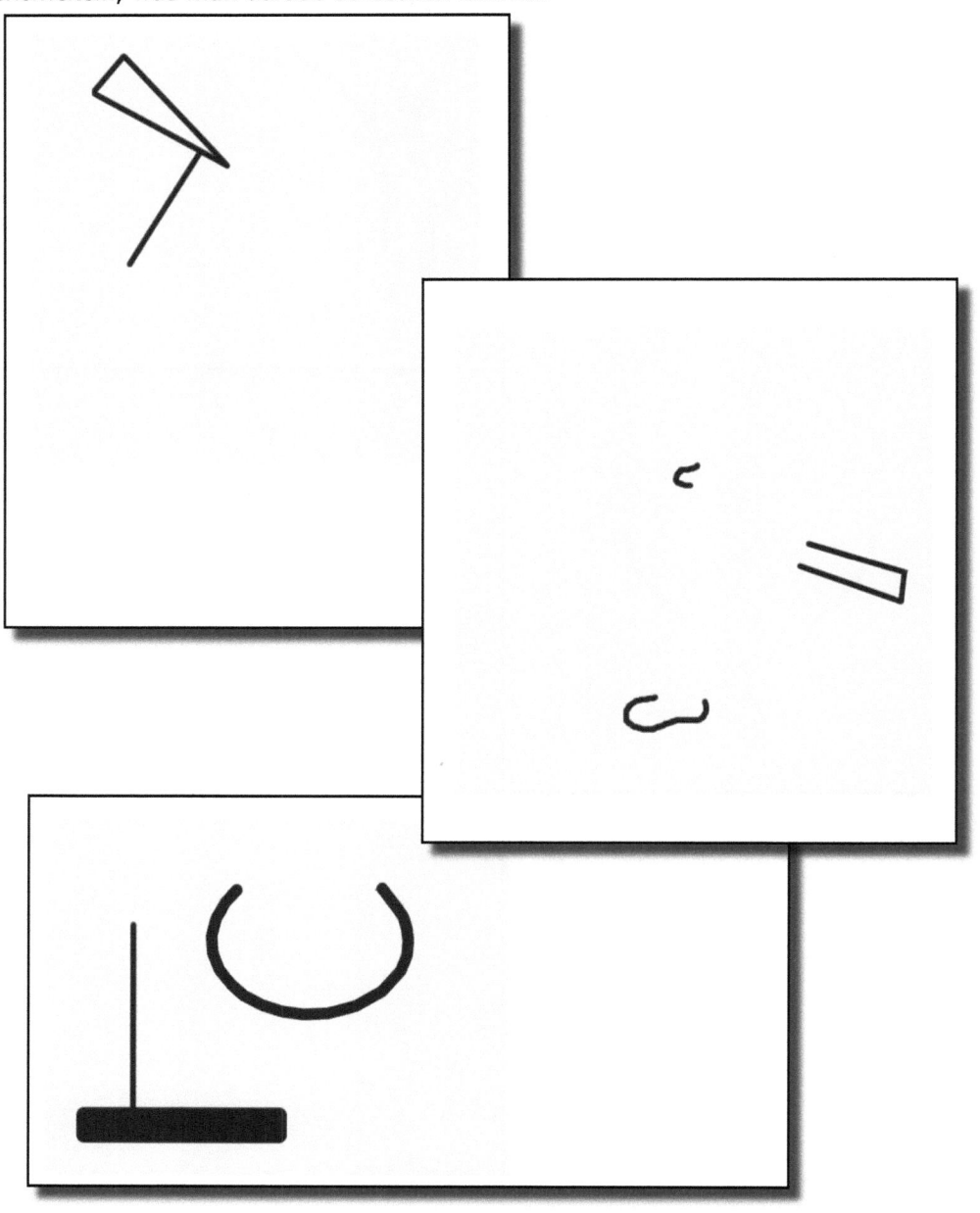

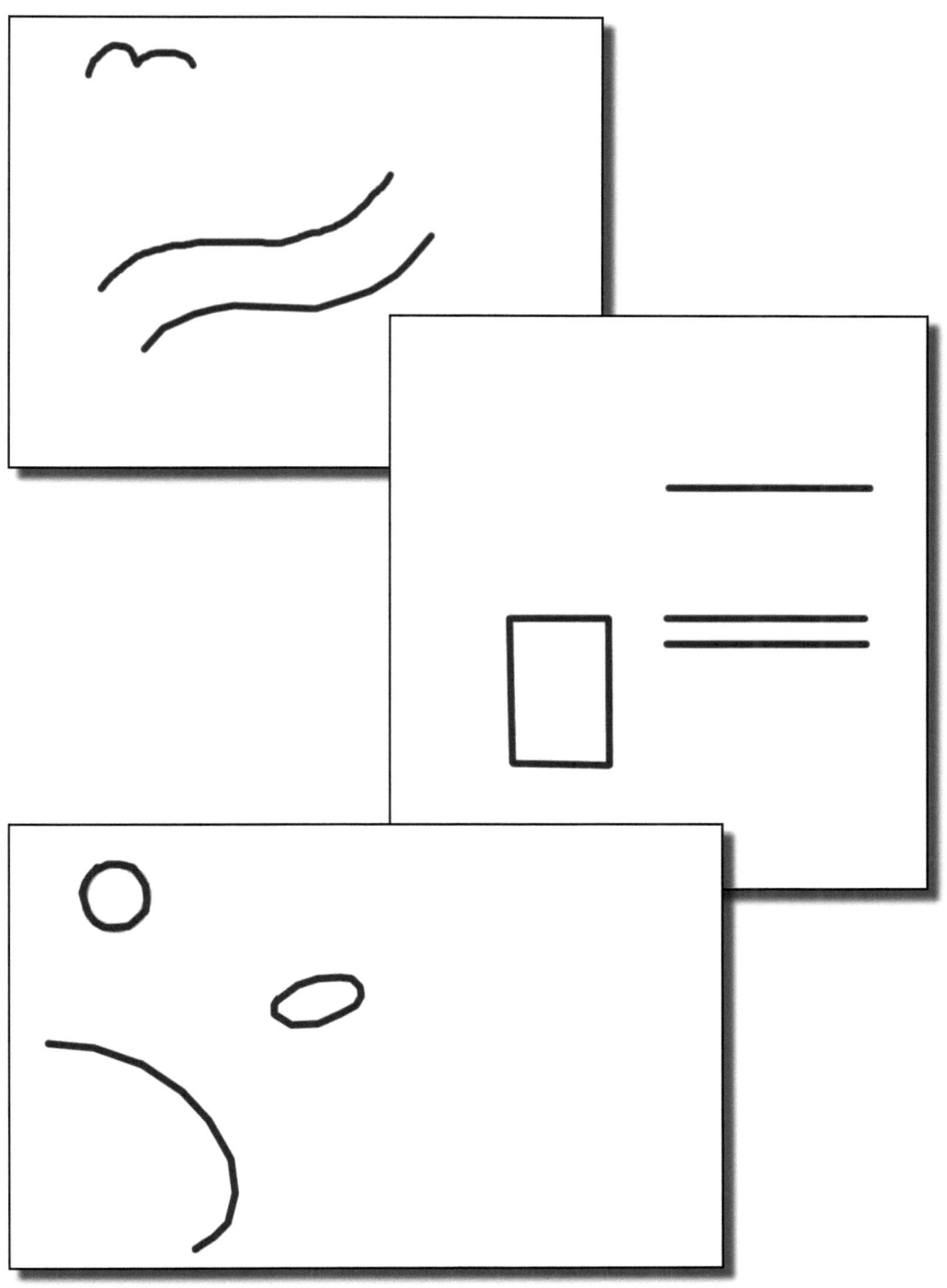

8.8 *Das ist doch logo!* ENTWERFEN VON LOGOS

Hier ist wieder Ihre Kreativität gefragt. Sie sollen für die untenstehenden Firmennamen ein Logo entwerfen. Ein LOGO ist ein Firmen- oder Warenzeichen. Ob Sie das in Form eines Schriftzuges oder einer Zeichnung machen, ist Ihnen überlassen. Bei Zeichnungen achten Sie bitte auf den Wiedererkennungswert der Firma, z.B. können Sie bei den Friseur Egon Schmidt versuchen aus dem „E" einen Kamm zu malen und aus dem „S" eine Schere.

„Uta Herbert"	„Erich Kasten"
„Friseursalon Egon Schmidt"	„Bäckerei Brezel"
„Bauplanung Alois Wiesenhuber"	„Beratungsservice EJV"

8.9 *Vergänglich:* AUS WOLKEN ZEICHNEN

Hier einmal eine Übung, mit der Sie Witz und Fantasie beweisen können. Haben Sie als Kind auch versucht, Menschen, Tiere, Landkarten oder Gegenstände in den Wolken zu erkennen? Versuchen Sie doch einmal, in den Wolkenbildern möglichst lustige oder vielleicht sogar etwas verrückte Bilder zu sehen und nachzuzeichnen. Wenn Sie auf Anhieb nichts darin erkennen, hilft es manchmal, das Bild zu drehen.

Hier ein kleines Beispiel.

original

Fantasiebild „tanzende Frau"

9. Produktentwicklung

9.1 *Die Armbanduhr zum Rasieren:* NEUE GERÄTE

Multifunktionsgeräte wie der PC-Drucker, mit dem man auch scannen und Faxe absenden kann, sind heute „*in*", da sie Platz und oft auch Anschaffungskosten sparen. Probieren Sie es einmal aus, neue solcher Multifunktionsmaschinen zu erfinden, indem Sie zwei oder mehr bekannte Apparate miteinander paaren. Versuchen Sie zunächst sinnvolle Geräte zu erfinden, die man tatsächlich bauen könnte, dann, bei der folgenden Übung weiter unten, aber völlig verrückte Zusammenstellungen.

1. Sinnvolle und technisch mögliche Geräte:
z.B. Armbanduhr mit integriertem Mini-Rasierapparat für Leute, die viel unterwegs sind.

....

....

....

....

....

....

....

....

2. Verrückte Geräte:
z.B. Fernseher mit integrierter Waschmaschine für Menschen, die es nervt, sich ständig die Werbespots in TV ansehen zu müssen und die in den Reklame-Pausen dann lieber der sich drehenden Trommel zugucken können.

....

....

....

....

....

....

....

....

9.2 *Die beste Erfindung, seit Gott das Auge schuf:* **WERBUNG**

In der folgenden Aufgabe sollen die Produkte so beschrieben werden, dass sie am liebsten jeder haben möchte. Verwenden Sie dazu viele beschreibende Adjektive mit positiver Bedeutung. Gegebenenfalls benutzen Sie dazu die Adjektivliste im Anhang.

Produkt	Beschreibung
 Sonnenbrille	***Die beste Erfindung, seitdem Gott das Auge schuf:*** *Eine ober-coole Sonnenbrille, die superscharfe Bilder liefert, mit ultraweichen Nasenpads, die keine Druckstellen anrichten und mit Spezialbügeln, die verhindern, dass die Brille herunterrutscht. Die Brillengläser sind kratzfest, so dass sie das gute Stück auch mal am Strand in den Sand legen können, ohne gleich nervige Kratzer auf die Gläser zu bekommen.*
 Schaukelstuhl	
 Rasierer	

Inliner

USB-Stick

Telefon

9.3 Wie verkauft man Schwachsinn? ARGUMENTE SAMMELN

Sie sitzen als Filialleiter eines Warenhauses in der glühenden Hitze von Zentralafrika. Endlich fährt der Lastwagen vor, der Ihnen die schon lange erwarteten Kühlschränke bringen soll. Dummerweise hat irgendjemand die Bestellzettel vertauscht und statt vierzig Kühlschränken schleppt man Ihnen 180 Heizlüfter in das Warenlager. Zurückbringen lassen wäre viel zu teuer. Also bestellen Sie die Kühlschränke erneut und fangen an zu grübeln, wie man wieder Platz im Lager schaffen könnte? Lassen Sie sich 7 Möglichkeiten einfallen, mit welcher Begründung man Heizlüfter in Afrika verkaufen könnte:

1. Für die kalten, einsamen Nächte.

2. Heizspirale abschalten und den Ventilator dazu benutzen, um Hühnerfedern aus dem Stall zu pusten.

3.

4.

5.

6.

7.

Natürlich sind auch die Kühlschränke irgendwo abgeblieben. Sie stehen nun in Grönland, wo eigentlich die Heizlüfter hin sollten. Mit welcher Werbekampagne könnten man die Eskimos dazu bringen, Kühlschränke zu kaufen. Lassen Sie sich wieder 7 Möglichkeiten einfallen, wozu man auch im ewigen Eis einen Kühlschrank benutzen könnte:

1.

2.

3.

4.

5.

6.

7.

Na, da sitzt wohl ein neuer Mitarbeiter in der Zentrale, der alle Bestellungen durcheinander gemischt hat. Nun sind vierhundert kuschelig warme Bärenfellmützen in der Filiale auf Haiti angekommen. Wozu könnte man die dort benutzen:

1.

2.

3.

4.

5.

6.

7.

Hmm. 5.000 Glühbirnen à 75 Watt kommen in einem tibetanischen Dorf im Himalaja an. Nett. Leider gibt's hier keinen Strom, die Leute benutzen Kerzen oder Petroleumlampen. Kann man das Zeug trotzdem unter die Leute bringen?

1.

2.

3.

4.

5.

6.

7.

Ojeh. Nun hat man Ihnen auch noch 500 Päckchen „Dummheit" geschickt. Ein Pulver, dass in Wasser aufgelöst und in einem Zug getrunken dazu führt, dass der Intelligenzquotient des Benutzers sich für ein paar Stunden drastisch senkt. Was soll man damit anfangen? Die Menschen wollen doch alle immer klüger werden. Mit welchen schlagkräftigen Argumenten könnten sie auch Schwachsinn verkaufen?

1.

2.

3.

4.

5.

6.

7.

Die nächste Lieferung enthält Nichts. Genauer gesagt liefert man Ihnen 8000 Verpackungen mit nichts darin. Es handelt sich um unbedruckte kleine Faltkartons in der Größe 30 cm lang, 20 cm breit und 10 cm hoch. Zu welchem Zweck könnten Sie „nichts" anbieten und gewinnbringend verkaufen?

1.

2.

3.

4.

5.

6.

7.

10. Gemischte Übungen

10.1 *Kröch-Ex-Salbe:* MEDIKAMENTE

Warum die Hersteller der großen Medikamentenfirmen ihrer Medizin unaussprechliche Namen wie *„Gentamicin"* oder *„Furosemid"* geben, wird ein Geheimnis bleiben. Aber was die Marktstrategen der großen Pharma-Konzerne können, das können Sie auch! Versuchen Sie einmal für folgende Medikamente eine wohlklingende Bezeichnung zu erfinden, die man auch aussprechen und verstehen kann.

Neues Medikament gegen...	**Ihr Name dafür:**
Einreibe-Creme gegen Husten	Kröch-Ex Salbe
Schnupfenspray	Antiniesinspray
Lutschpastillen gegen Heiserkeit	
Tablette gegen Kopfschmerzen	
Creme gegen Fußpilz	
Tropfen gegen Liebeskummer	
Antibiotikum gegen Bronchialinfektion	
Fiebersenkendes Medikament	
Wohlschmeckender Trunk bei Einschlafstörungen	
Tee gegen Blasenkatarrh	
Zäpfchen gegen Hämorrhoiden	
Medikament zur Unterstützung für das Herz	
Antibabypille	
Tee gegen Stress, Überlastung und Nervosität	
Medikament gegen Depression	
Multivitaminpräparat	
Tonikum für Gedächtnisstörung in Alter	

10.2 *Durchsichtige Kleidungsstücke:* PRO UND KONTRA

Die Herstellung ist heute vermutlich schon längst kein Problem mehr: Stellen Sie sich vor, es würde modern werden, völlig durchsichtige Kleidungsstücke zu tragen. Überlegen Sie sich je 10 Argumente, die dafür (pro) oder die dagegen (kontra) sprechen, solche Kleidung zu tragen.

Pro:

Kontra:

Fast alle Pflanzen sind mehrgeschlechtlich, d.h. jede Blüte hat sowohl männliche (Staubblätter) wie auch weibliche Geschlechtsteile (Stempel). Bei Tieren ist die Natur aus unerfindlichen Gründen einen anderen Weg gegangen, sie haben immer nur ein Geschlecht. Was würde sein, wenn Menschen auch zweigeschlechtlich wären? Was wäre besser (pro) und was wäre schlechter (kontra), wenn wir statt Männern und Frauen in dieser Welt nur noch Zwitter hätten?

Pro:

Kontra:

Aus irgendeinem Grund haben die Vorfahren unserer Vorfahren vor Jahrmillionen das Wasser verlassen und gelernt auf dem Land zu leben. Was wäre gut und was wäre schlecht daran, wenn wir noch heute Kiemen und Schwimmflossen hätten und im Wasser unsere Städte bauen würden?

Pro:

Kontra:

10.3 *Feuchter Hausfrauentraum:* WERBESLOGANS

Erfinden Sie einige verkaufsfördernde, treffende und peppige Werbesprüche für folgende Produkte. Falls Ihnen nichts einfällt, benutzen Sie eine der im Theorieteil vorgestellten Kreativitätstechniken! Ihr Slogan sollte kurz, prägnat und einprägsam sein.

Produkt	Werbeslogan
	Feuchter Hausfrauentraum: **DER ROLLS ROYCE UNTER DEN DAMPF-BÜGELEISEN!**

10.4 *Punk-Allee und Hippieweg:* STRASSEN-NAMEN

Die meisten Stadtverwaltungen sind nicht gerade besonders kreativ, wenn es darum geht, sich Namen für die Straßen neu gebauter Stadtviertel auszudenken. Warum immer nur „Dorfstraße", „Goethe-Straße" und „Konrad-Adenauer-Straße"? Würde nicht „Beatles-Chausse", „Marienkäfer-Allee", „Chaos-Ring" oder „Irr-Weg" viel lustiger klingen? Beschriften Sie den Stadtplan auf der untenstehenden Abbildung mit einigen kreativen Namen.

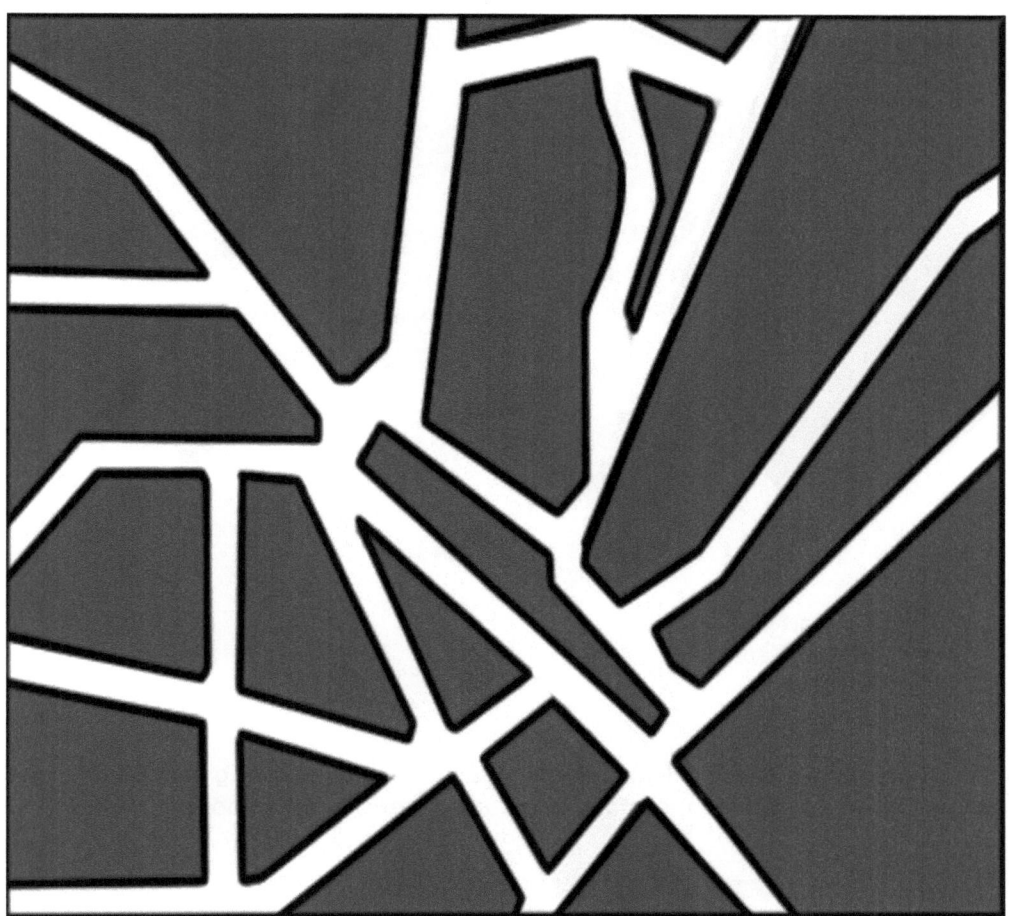

10.5 Im *Labyrinth der Straßen:* WEGBESCHREIBUNG

Wie oft sind Sie schon von einem Fremden, nach einem Weg gefragt worden? Und konnten Sie den auch immer richtig beschreiben? Wenn der Weg lang und kompliziert ist, ist es für einen Außenstehenden schwierig, sich links und rechts zu merken. Dann kann so manches Detail wichtig sein, wenn man keine anderen Orientierungspunkte findet. In dieser Übung sollen Sie sich mit einer solchen Wegbeschreibung auseinander setzen.

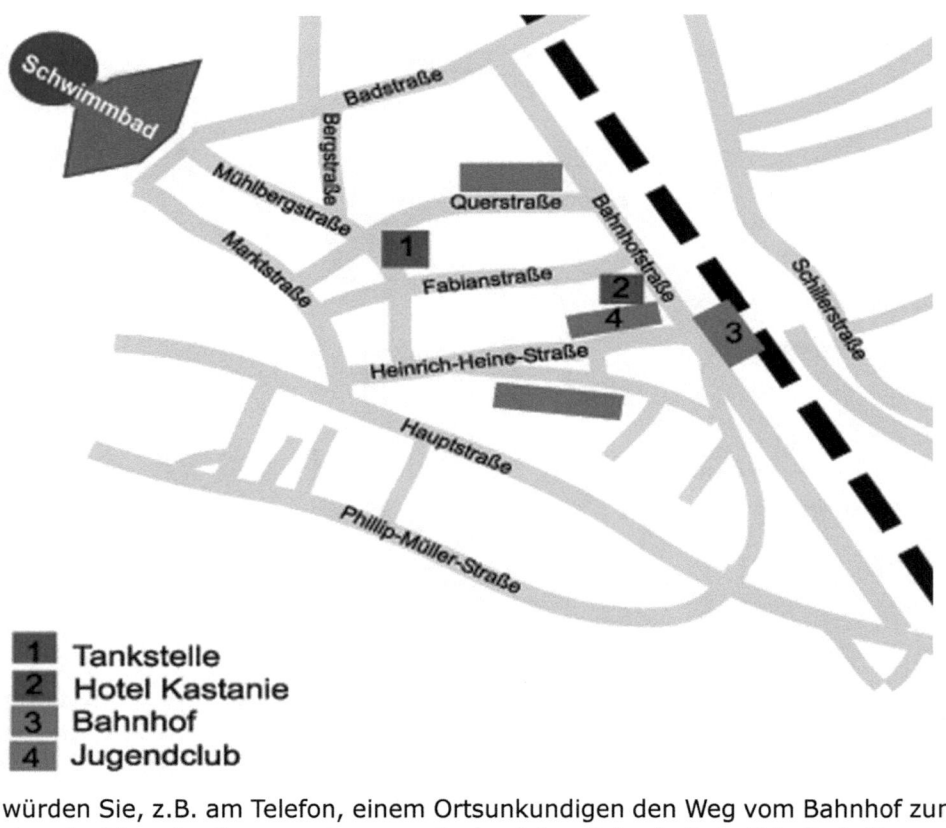

1 Tankstelle
2 Hotel Kastanie
3 Bahnhof
4 Jugendclub

Wie würden Sie, z.B. am Telefon, einem Ortsunkundigen den Weg vom Bahnhof zum Schwimmbad beschreiben, so dass er mit absoluter Sicherheit dorthin findet?

....

....

....

....

....

Nun spielen wir diese Übung einmal umgekehrt. Sie möchten in Höllendorf vom Bahnhof zum Theater und haben die folgende Wegbeschreibung erhalten:

„*Wenn Sie den Bahnhof verlassen und mit dem Rücken zum Bahnhof stehen, gehen Sie linker Hand, in Richtung Stadtpark. Am Stadtpark angelangt, biegen Sie nach rechts ab in die Schönhauserallee. Diese Straße endet nun in der Wiesenstraße, die Sie nach rechts abbiegen. Von da aus gehen Sie bis zum Krämerring, der sich im Zentrum der Stadt befindet. Wenn Sie den Ring betreten, gehen Sie nach links und verlassen Sie ihn bei acht Uhr. Dann befinden Sie sich in der Herzstraße. Diese gehen Sie entlang bis Sie die Hospitalstraße queren. Jetzt müssen Sie nur noch einmal rechts abbiegen um in das Theater zu kommen, das sich in dieser Straße befindet. Dann sind Sie an Ihrem Ziel angelangt.*"

Haben Sie alles verstanden? Dann versuchen sie einmal, die beschriebenen Straßen in den untenstehenden Plan einzuzeichnen. Als kleine Vereinfachung sind Bahnhof, Theater, Stadtpark und der Kreisverkehr schon eingetragen. Benutzen sie zum Zeichnen trotzdem einen gut gespitzten Bleistift und halten Sie sicherheitshalber einen funktionstüchtigen Radiergummi bereit.

10.6 *Das Dessert bitte:* KREATIVE MENUES

Sie möchten ein neues Restaurant eröffnen und wollen Ihren Gästen etwas ganz Spezielles bieten, was es so noch nicht gegeben hat. Erfinden Sie für die folgenden drei Menue-Karten völlig neue Speisen und tragen Sie diese in die Listen ein. Als Vorspeise könnte es Sternensuppe geben, das Hauptmenue besteht aus gegrillten Steinbeißern mit Granitklößen und Apfelbohnen, zum Nachtisch bieten Sie leckeren kandierten Seetanghonig mit Vergissmeinnichtsoße darüber. Welche unmöglichen Gerichte fallen Ihnen ein?

10.7 Liebe, Triebe, Hiebe: **DIE REIMSCHMIEDE**

Was ist der Reiz am Reimen? Warum wird gedichtet? Schon seit Jahrhunderten ist es Mode, bei großen Festen, Geburtstagen, Hochzeiten und Jubiläen etwas zum Besten zu geben. Viele solcher Anlässe dienen dazu, sich als Dichter zu versuchen. Es ist immer wieder ein Bedürfnis sich den Gleichklang von Lauten und dem Spiel mit der Sprache zu widmen. Reime und Gedichte lernt man schneller und leichter als andere Texte, außerdem werden sie noch nach Jahren im Gedächtnis behalten.

Wir wollen jetzt keinen Dichter aus Ihnen machen, hier reicht völlig der bekannte Schüttelreim, in dem sich *Liebe* auf *Triebe* reimt. Das ist für die Zuhörer oft auch viel lustiger als moderne Gedichte. Im Folgenden einige Gegebenheiten, bei denen es sich lohnt, einen Reim oder ein Gedicht selbst zu verfassen.

Es ist nicht immer leicht zu reimen, auch wenn die erste Zeile meist ein gelungener Einstieg ist, umso schwieriger wird es oft den passenden Reim dazu zu finden. Sinngemäß weiß man ja, wie es inhaltlich weitergehen soll, aber reimt sich das dann auch immer? Für die wichtigsten Begriffe geben wir Ihnen im Anhang Reimhilfen, damit es leichter wird.

Hier ein kleiner Einladungsvers von der Autorin:

Hurra, ich find es toll,
meine 40 Jahre sind jetzt voll.
Deshalb fänd' ich es besonders schön,
wenn ich all' meine Freund' könnt sehn'

Zu diesem Feste,
seit' geladen Ihr, als meine Gäste.
Am Wochenend',
welches Ihr hoffentlich nicht verpennt,
wird gefeiert nach altem Brauch.
Ich bin da und hoff', Ihr auch.

Nun sind Sie dran. Versuchen Sie einmal ein Gedicht zum Geburtstag einer bekannten Person zu reimen:

....

....

....

....

....

....

....

....

....

....

....

....

Ihr Hochzeitsvers:

Ihr Liebesgedicht:

....

....

....

....

....

....

....

....

....

....

....

....

....

Tröstende Worte zum Ab-
schied einer liebenden Person oder eines Haustieres:

....

....

....

....

....

....

....

....

....

....

Ihr Vers zu einer Pensionierung eines Kollegen oder einer Kollegin:

....

....

....

....

....

....

....

....

....

....

....

Ein Vers zum Frühlings-
anfang:

....

....

....

....

....

....

....

....

....

....

Ich schwitze hier bei Sonnenschein.
Wem fällt da der richtige Reim schon ein?

Ein Vers zum Sommeranfang:

....
....
....
....
....
....
....
....
....
....

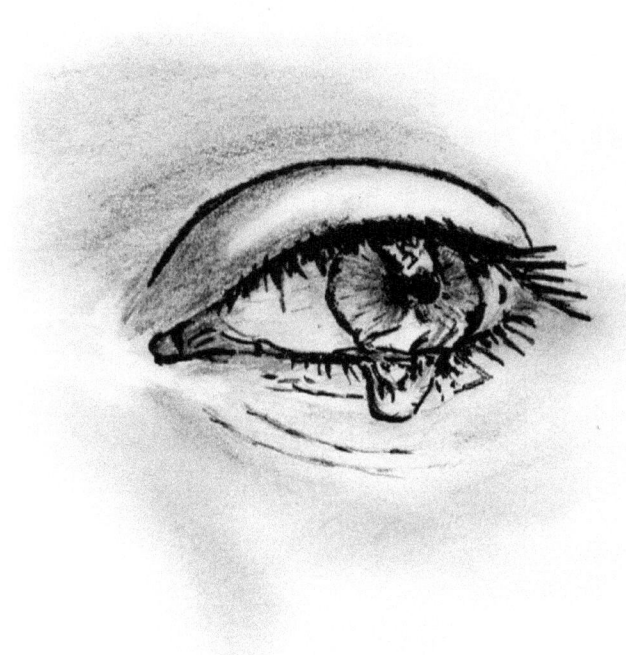

**Es verletzte mich
sein Abschiedsbrief so
abgrundtief.
Mir schlägt das Herz so
schwer
mitten im unendlichen
Tränenmeer.**

Ein Vers zu Ihrem persönlichen Leid:

....

....

....

....

....

....

....

....

....

....

....

10.8 Verlorene Gräten: ZUFALLSGEDICHT

Suchen Sie nach der Zufallsmethode (siehe Theorieteil) Wortpaare und versuchen Sie, diese zu einem Gedicht zusammenzufügen. Beachten Sie, dass moderne Gedichte sich nicht mehr reimen müssen, aber können. Gehen Sie Zeile für Zeile vor, fügen Sie aber ab und zu ruhig einmal eine Zeile ein, die sich reimt.

Beispiel:

1. Zufallswort	2. Zufallswort	Gedichtzeilen
Priester, Stadt, Kuss, Gräte (als Reim auf Städte)	Schweigen, Leben, Amputation, Verlust	Schweigende Priester in leblosen Städten, amputierte Küsse zwischen verlorenen Gräten.

10.9 Mexikaner von oben: DRUDEL ERFINDEN

Das Drudel mit dem Mexikaner auf dem Fahrrad kennen Sie bestimmt. Zu den eigentlich sinnlosen Bildern können Sie einige neue erfinden. Was könnten die folgenden Strichzeichnungen bedeuten? Folgen Sie dabei bitte nicht einfach der naheliegensten Idee. So sollte das dritte Bild nicht einfach als „Zielscheibe" betitelt werden und das vierte Bild nicht plump als „Würfel von der Seite".

	Mexikaner auf einem Fahrrad von oben gesehen oder Flugzeug mit einen Propeller in der Mitte oder Zigarre mit offener Zigarrenbinde
	Drei Chinesen vor der Imbissbude von oben oder Drei Kürbisse gucken Fernsehen oder Eine Raupe wartet vor der Toilettentür

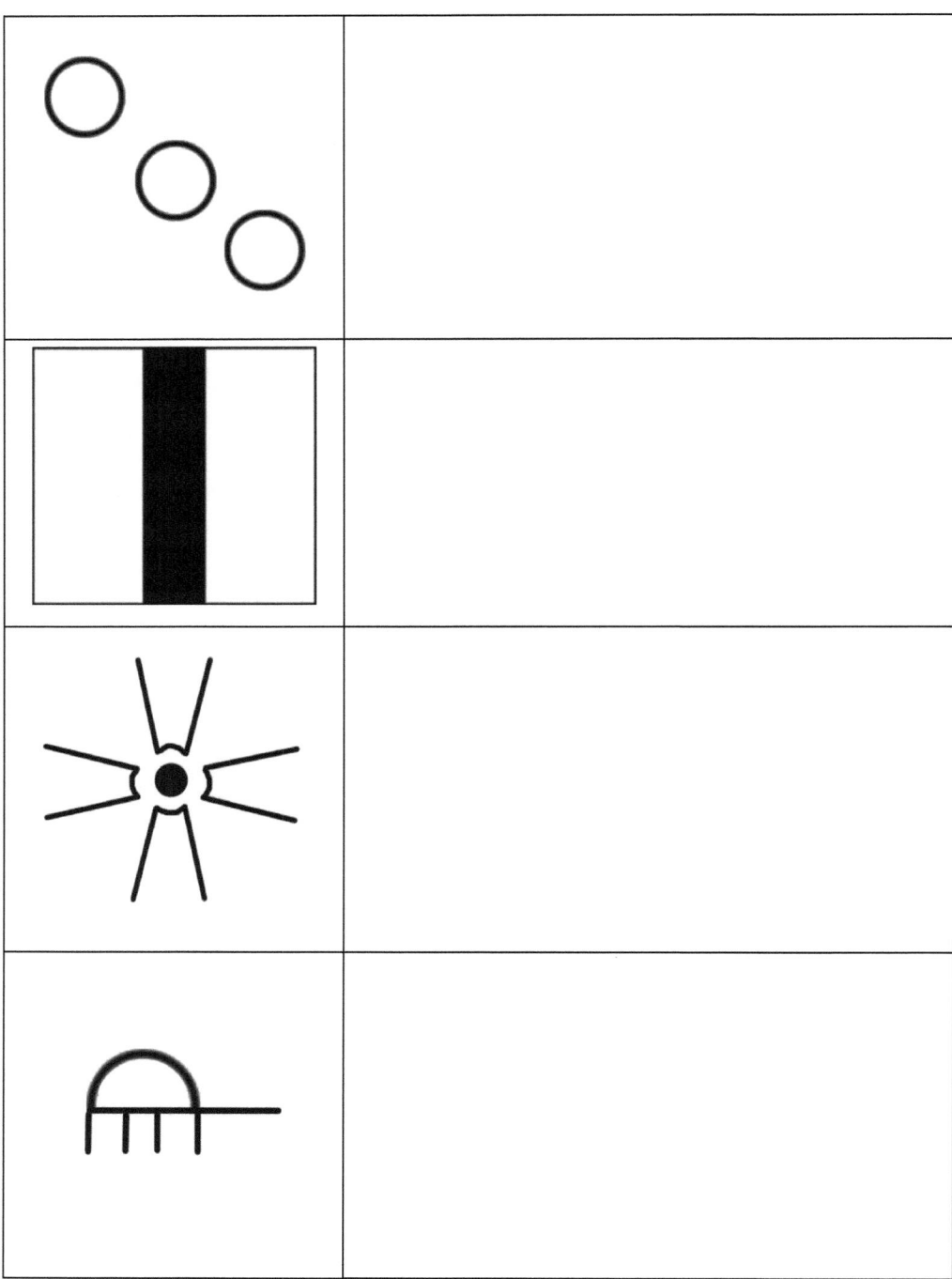

10.10 Umweltverschmutzung: AUFSATZ-GLIEDERUNG

Sie sollen einen Aufsatz schreiben über das Thema *„Umweltverschmutzung - Was kann jeder von uns dagegen tun?"* Machen Sie, wie im Theorieteil dieses Buches beschrieben, ein Brainstorming und notieren Sie in Stichworten eine Ideensammlung, was in diesen Aufsatz vorkommen soll. Schreiben Sie dann im 2.Teil eine grobe Gliederung des Ablaufes Ihrer Ideen. Ordnen Sie die Gliederung nach:

1. Einleitung (z.B. aktueller Bezug aus der Tagespresse)
2. Hauptteil (Beispiele, Möglichkeiten, Anwendbarkeit, Grenzen, juristische Hintergründe, biologische Bedeutung, soziale Einbettung usw.)
3. Schluss (Ihr persönliches Resumee).

1. Brainstorming / Schlagworte

....

....

....

....

....

....

....

....

....

2. Gliederung (geordnet nach: Einleitung – Hauptteil –Schluss)

....

....

....

....

....

....

....

....

....

Nun machen Sie dasselbe zu den Thema: „Wirtschaftskrise - Was könnte die Regierung dagegen tun?"

1. Brainstorming / Schlagworte

....

....

....

....

....

....

....

....

....

....

....

....

....

2. Gliederung (geordnet nach: Einleitung – Hauptteil –Schluss)

....

....

....

....

....

....

....

....

....

....

....

....

....

10.11 Mit Gummistiefeln ins Bett: SPRACHLICHE VERDREHER

Eine Rede zu halten liegt nicht jedem, insbesondere, wenn man einmal die Erfahrung gemacht hat, dass die Zuhörer reihenweise eingeschlafen sind. Wie aber kann man einen Vortrag wenigstens hin und wieder mit einigen witzigen Pointen aufmöbeln? Auf diesen beiden Seiten geben wir Ihnen zunächst einige Ratschläge, wie man das Publikum dazu bringen kann hinzuhorchen. Bei der Übung ab der übernächsten Seite können Sie sich dann selbst einige Ideen für unterschiedliche Arten von Reden ausdenken.

Verdreher, tapsige Worte und falsche Grammatik können sehr peinlich sein; benutzt man sie jedoch bewusst als Stilmittel, kann eine langweilige Rede dadurch recht lustig werden.

- Statt *„Susi und Fred heirateten..."* kann man zum Beispiel sagen: *„Susi und Fred hochzeiteten"* oder, noch schlimmer, ist folgende Konstruktion: *„Susi und Fred standesamteten sich ...".*
- Oder statt: *„Mit 19 Jahren bestand Johannes sein Abitur"* sagt man kreativer einfach mal: *„Im zarten Alter von 19 Jahren wurde Johannes von seinen Lehrern geabiturt."*

Eine andere Möglichkeit Satzverdreher zu schaffen, ist die Vertauschung von einzelnen Worten in Sätzen. Zum Beispiel:

- Aus: *„Direkt nach der Geburt begann das Kind zu schreien"*, wird dann: *„Direkt nach dem Schreien begann das Kind mit seiner Geburt."*
- *„Zweimal täglich nahm Bello sein Herrchen zum Spazierengehen mit."*
- *„Meist ritt Annika auf ihrem Pony, an manchen Tragen war es allerdings zweifellos auch andersherum."*
- Und warum immer nur: *„Nun möchte ich das Brautpaar bitten, sich einen Kuss zu geben."* Viel netter wäre doch: *„Nun möchte ich den Kuss bitten, sich dem Brautpaar zu geben. Ähem...weiß jemand, wo der Kuss ist?"*

Eine ähnliche Alternative ist die Vertauschung von Verben. So zum Beispiel könnte man den Prozess des morgendlichen Waschens und Ankleidens schildern mit:

- *„Herr Huber wusch seine Zähne, putzte die Haare und bürstete sich das Gesicht mit klarem Wasser. Daraufhin band er sich sein Hemd um, zog sich die Krawatte an und setzte sich seine Hose auf."*

Die nächste Möglichkeit, sich ergötzliche Stilblüten auszudenken, besteht darin Adjektive oder Vergleiche zu benutzen, die völlig unpassend sind, beispielsweise:

- „*bananenschwarze Nacht*"
- „*kirschgrüne Ampeln*"
- „*es war kalt wie mitten im Lagerfeuer*"
- „*sie war durstig wie ein Fisch im Wasser*"
- „*ihr Leben war so spannend wie eine weggeworfene Bananenschale*"

Auch die Vertauschung zeitlicher Abfolgen kann für Heiterkeit sorgen:

- „*Nach dem Studium entschloss Georg Graf sich, besser die Grundschule nochmals zu besuchen.*"
- „*Die Hochzeitsnacht wurde mit einer geringen Abweichung von plus oder minus zwei Jahren natürlich erst nach der Eheschließung vollzogen.*"
- „*Harald gilt als tüchtigster Mitarbeiter. Schon am frühen Morgen, oft sogar vor dem Aufwachen, erledigt er erste Telefonanrufe mit Kunden.*"

Leichte Veränderungen von Floskeln, Alltagsweisheiten und Sprichwörtern können gleichfalls ein gelindes Schmunzeln beim Zuhörer hervorrufen:

- „*In alter Verzweifelung, ihr...*"
- „*...mit freundlichen Füßen*"
- „*Wer andern eine Grube gräbt, ist selbst ein Schwein*"
- „*Es ist nicht immer Gold, wer schwänzt*"
- „*Müßiggang ist aller Lastwagen Anfang*".

Noch eine Möglichkeit durch Albernheit unangenehm aufzufallen ist die maßlose Unter- oder Übertreibung:

- „*Ich geh' jetzt mal 'ne Stunde aufs Klo.*"
- „*Körbchengröße 85-Z passte Erdmute wie angegossen.*"
- „*Meine Frau braucht meist zwei bis drei Jahre, um sich zu schminken.*"
- „*Heinz war so intelligent, dass er schon direkt nach seiner Geburt schreiben konnte, lediglich mit dem Sprechen haperte es lange.*"
- „*Die letzten 45 Jahren vor seinem Eintritt ins Rentnerdasein nutzte Herr Schmidt intensiv, um sich auf seinen Altersruhestand vorzubereiten.*"

Ebenso können eigentlich sinnlose Handlungen durchaus Komik erzeugen:

- „*Um am frühen Morgen die Zeit beim Anziehen zu sparen, ging Bauer Horst am Abend oft mit Gummistiefeln ins Bett.*"
- „*Ohne seinen Teddybären fuhr Udo nie ins Büro.*"
- „*Ralf zog seine Schuhe stets mit der Schraubzwinge an und mit dem Stemmeisen wieder aus.*"

10.12 *Reichtum an einem Fall:* EINFALLSREICHTUM

Einfallsreichtum können Sie in der folgenden, kleinen Übungen beweisen. Nennen Sie jeweils sechs Möglichkeiten für die folgenden Fragen:

1. Wozu kann man einen faustgroßen Stein benutzen?

1. als Briefbeschwerer

2. um einen Nagel einzuschlagen

3.

4.

5.

6.

2. Nennen Sie zehn Dinge, die rot sind und die man essen kann:

1.

2.

3.

4.

5.

6.

3. Was kann man alles benutzen, um eine Schraube herauszudrehen, wenn man keinen Schraubenzieher besitzt?

1.

2.

3.

4.

5.

6.

4. Welche Möglichkeiten gibt es, um Kleidungsstücke zu schließen?

1.

2.

3.

4.

5.

6.

5. Sie müssen sich eine Telefonnummer notieren, aber Ihr einziger Kugelschreiber ist leer. Was können Sie tun, um die Zahl festzuhalten?

1.

2.

3.

4.

5.

6.

6. In der Beziehung stimmt's nicht mehr so? Oft helfen gemeinsame Unternehmungen. Was könnten Sie mit ihrem Partner machen?

1.

2.

3.

4.

5.

6.

7. Sie wollen Kaffee kochen und es ist kein einziger Kaffeefilter mehr da. Was werden Sie nun tun?

1.

2.

3.

4.

5.

6.

8. Was könnte man unternehmen, damit mehr Fahrradfahrer einen Sturzhelm tragen?

1.

2.

3.

4.

5.

6.

10.13 Schnappschuss – KREATIVES FOTOGRAFIEREN

Fotos sind wunderschöne Erinnerungen und man kann sich auch nach Jahren immer wieder daran erfreuen, wie der kleine Sonnenschein im Alter von drei Jahren aussah, was man Tante Carla im Winter 2003 zum Weihnachtsfest geschenkt hat und wie straff der eigene Bauch im Urlaub 1987 am Strand einmal gewesen ist. Aber sind Sie nicht auch manchmal etwas unzufrieden mit den flachen, nichts sagenden Bildern, die sich da Jahr für Jahr zuhauf im Fotoalbum ansammeln?

Es gibt viele Möglichkeiten, seine eigenen Techniken beim Fotografieren zu verbessern. Darüber sind ganze Bibliotheken an Büchern geschrieben worden, die wir hier nicht ersetzen wollen. Im Folgenden lediglich einige Tipps, wie Sie Ihre Fotos netter gestalten können und vielleicht ein ganz neues, kreatives Hobby für sich selbst entdecken.

Einen verstaubten Fotoapparat, den Sie regelmäßig am Abend vor der nächsten Urlaubsreise oder dem kurz bevorstehenden Geburtstag Ihres Nachwuchses hektisch suchen, haben Sie bestimmt, so dass Sie unsere Vorschläge gleich ausprobieren können.

Einen Hinweis gleich vorweg: Schon alleine aus reiner Gewohnheit bevorzugen viele Menschen heute noch Fotokameras mit den guten alten Filmrollen. Digitale Fotografien bieten demgegenüber aber den unschätzbaren Vorteil, dass man sich direkt nach dem Druck auf den Auslöser das Bild auf einem kleinen Monitor an der Rückwand des Gerätes ansehen kann. Misslungene Bilder lassen sich sofort löschen. Digitale Bilder kann man zu Hause am eigenen Computer überarbeiten und am heimischen Drucker selbst ausdrucken. Das muss übrigens nicht sein: Sie können auch eine Speicherkarte in Ihre Digitalkamera einlegen. Diese lässt sich später bei den meisten Fotohändlern abgeben und der macht Ihnen daraus die gewohnten Papierbilder, die den konventionellen Fotos heute in ihrer Qualität nicht mehr nachstehen. In der Regel sollte man zwei oder drei dieser Speicherkarten haben, so dass man fleißig weiterknipsen kann, solange eine gerade beim Händler ist. Also lohnt sich der Wechsel auf Digitalfotografie auch für eingefleischte Computergegner.

Diese Speicher fassen meist mehrere hundert Bilder. Sie können also ohne Hemmungen munter drauf los fotografieren und die Bilder dann am Abend ansehen und die nicht so ganz gelungenen kostengünstig einfach löschen.

Fotografie ist (wie Malerei und Bildhauerei) ein künstlerisches Ausdrucksmittel, das auch ein Ventil für viele Gefühle sein kann. Die Motivwahl spielt natürlich in jedem guten Foto eine besonders wichtige Rolle. In unserer Einführung können Sie lernen, wie Sie Ihre Wahrnehmungsfähigkeit verbessern, indem Sie eine sorgfältigere Auswahl Ihrer Bildelemente treffen.

Gestaltungsmittel der Fotografie

Die **Farbe** ist eines der Bildelemente der Fotografie welches den Betrachter gefühlsmäßig am meisten anspricht. Einige Farben ziehen den Blick mehr auf sich als andere, der Fotograf kann also durch geschickte Wahl von Vorder- und Hintergrundfarben oft entscheiden, welche Elemente er in dem Bild hervorheben möchte und welche nicht. Die Art der Farbzusammenstellungen wirken sich auf den Gesamteindruck eines Bildes aus. Die Intensität einer Farbe hängt dabei natürlich auch sehr von den Lichtbedingungen bzw. von der Beleuchtung ab. Grelles Licht schafft detailreiche, scharfe Aufnahmen; schummerige Dunkelheit eine romantisch-stimmungsvolle Atmosphäre.

Die **Kontur** der dargestellten Objekte, Personen oder Tiere ist eines der wichtigsten Gestaltungsmittel. Auf jedem Foto versucht der Betrachter zunächst zu erkennen, was zu sehen ist. Der Umriss eines Gegenstandes reicht manchmal schon aus, um das Motiv zu erkennen. Details wie Hintergrund und Farbe spielen dabei oft nur eine sekundäre Rolle. In den untenstehenden Beispielen gibt der dunkle Hintergrund den Portraits eine Kontur. Da hier überflüssige Details fehlen, konzentriert sich der Betrachter automatisch mehr auf die Gesichtszüge.

Die **Perspektive** ist auch ein wichtiges Handwerkszeug eines Fotografen. Meist knipst man im Stehen von Augenhöhe aus. Interessante Effekte lassen sich oft erzielen, indem man die Perspektive wechselt, ein spielendes Kind im Liegen auf Fußbodenhöhe ablichtet oder eine Geburtstagsgesellschaft im Garten aus der Vogelperspektive vom Balkon aus auf das Bild bannt.

Linearperspektive

Luftperspektive

Froschperspektive

Die **Tiefe** unterscheidet die dreidimensionale Welt von der nur zweidimensionalen Fläche des Bildes. Das typische Fotoalbenbild wirkt immer irgendwie enttäuschend flach, da sich alles auf derselben Entfernungsebene abspielt. Gute Bilder zeichnen sich dadurch aus, dass sie dennoch Dreidimensionalität vermitteln. Den Effekt der Tiefe kann man erreichen, indem man darauf achtet, dass ein Bild nicht nur Hintergrund hat, sondern auch einen Vordergrund. Vergleichen Sie einmal die folgenden drei Bilder:

Das linke besteht nur aus Hintergrund, das mittlere nur aus Vordergrund. Tiefe gewinnt das Bild erst dadurch, dass man darauf achtet, dass beides sich gut ergänzt. Dabei muss das Vordergrundobjekt nicht unbedingt in der Mitte platziert sein. Die meisten Fotos wirken viel aufgelockerter, wenn sich die Hauptperson zu einer Seite hin versetzt befindet, das Foto aber dennoch dominiert.

Interessante Hintergründe wie hier die Bücher können die Bildaussage unterstreichen und auch eine Tiefenwirkung erzielen.

Auch Aufnahmen von grandiosen Gebirgslandschaften, die den Betrachter in der freien Natur völlig fasziniert hatten, sehen auf dem Papierbild stets völlig enttäuschend aus. Eine Tiefenwirkung können Sie aber auch hier erzeugen, in dem sich mindestens zwei Motive überschneiden. Durch die Überlappung von Objekten erzeugen Sie einen räumlichen Eindruck.

Unscharfe Bilder werden oft von den Entwicklern gar nicht erst abgezogen. Gehören sie wirklich gleich in den Mülleiner? Oft ist das schade, denn unscharfe Fotos können eine große Ausstrahlung haben. Die **Schärfe** eines Bildes finden nur Anfänger wichtig. Gerade ein unscharfes Bild oder unscharfe Teile des Bildes spiegeln Bewegungen, Aktivitäten, Eile oder reges Treiben wieder. Besonders der leicht verwischte Effekt beim Gehen lässt den Eindruck von Eile beim Betrachter aufkommen.

Durch die Bewegung und die Spiegelung zeigt das Wasser auch immer eine Unschärfe. Werfen Sie also unscharfe Fotos nicht gleich in den Müll, betrachten Sie diese in Zukunft als etwas Lebendiges und Aktives.

Auf die **Motive** möchten wir hier etwas näher eingehen. Selbst langweilig erscheinende Objekte können sehr vielseitig sein und sich für spannende Fotografien eignen. Das beliebteste Motiv wird natürlich immer der Mensch in freier Wildbahn sein. Schon alleine wegen der Personenrechte ist das aber oft problematisch. Einfacher ist es, wenn man sich bestimmte Landschaften, Objekte oder Tiere aussucht. Eines der beliebtesten Motive sind natürlich Sonnenuntergänge, ebenso interessant kann aber auch das Knipsen von Wolkenformationen sein. Sehr lohnenswert ist es, Bäume abzulichten; andere Menschen machen Touren in die nähere Umgebung, um Kirchen oder auch Baugerüste auf ihren Bildern festzuhalten.

Hier einige Beispiele.

Gebäude und Straßen

Gerüste

Das gestellte Foto

Beim Kindergeburtstag einfach draufhalten kann jeder und dabei mit etwas Glück durchaus erstaunlich lustige Bilder erzeugen; aber ebenso häufig ist man hinterher vom mittelmäßigen Ergebnis eher enttäuscht. Wenn man wirklich eine bleibende Erinnerung an Menschen haben möchte, die einem lieb sind, dann lohnt es sich, eine richtige Foto-Session zu machen.

Wie bei dem nebenstehenden Beispiel wurde hier jeder ablenkende Hintergrund entfernt, so dass das Auge des Betrachters einzig und alleine auf der Hauptperson ruhen kann. Wichtig ist auch, für eine sehr gute Beleuchtung zu sorgen. Blitzlicht ist ein Notbehelf; selbst wenn man den Rote-Augen-Effekt heute mit Vorblitzen zu umgehen versucht, hat man doch immer unschöne Schatten an der Wand. Versuchen Sie es mal ohne Blitz, nur mit hellen Lampen oder Tageslicht. Die gestellt-wirkende Pose soll hier so sein und verfehlt sicherlich nicht ihre Wirkung.

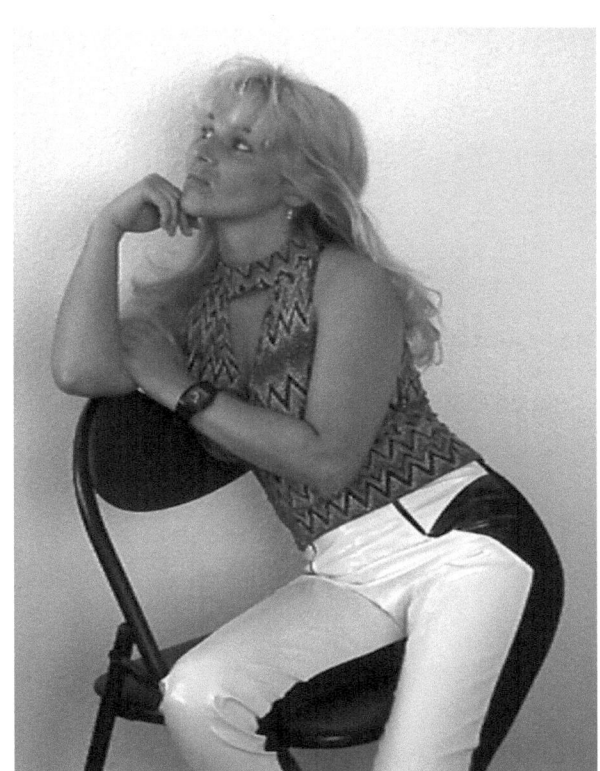

Das Knipserfoto

Knipserfotos sind Bilder, die man einfach aus der freien Hand schießt, um Stimmungen von Menschen einzufangen. Sie sind damit völlig unterschiedlich zu der eben genannten Bildart, die oft ein langes Arrangement verlangt, bis man das Motiv richtig eingefangen hat. Beim Knipserfoto schießt man einfach drauf los; es kommt absolut nicht auf Perfektion an, sondern darauf, einen gefühlvollen Moment einzufangen.

Wichtig beim Knipserfoto ist, dass man die Menschen in einem Augenblick fotografiert, in dem sie nicht damit rechnen und sich völlig unbeobachtet fühlen. Digitalkameras eignen sich wie gesagt hier besonders gut, da man problemlos Hunderte von Fotos machen kann und dann nur die besten auswählt und für die Nachwelt erhält.

Das Quatschfoto

Haben Sie einen Selbstauslöser auf Ihrer Kamera? Dann versuchen Sie es doch

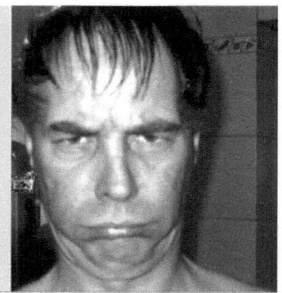
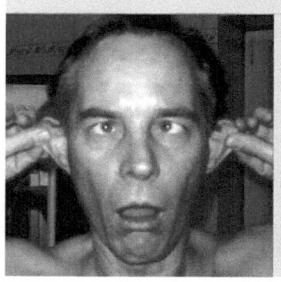

einmal mit „Quatschfotos". Natürlich wollen wir alle auf Fotos immer ganz besonders hübsch aussehen und es trifft uns zutiefst, wenn man auf dem Bild mal nicht ganz so toll getroffen ist wie man im wahren Leben eigentlich aussieht! Aber oft kann man anderen Menschen eine kleine Freude machen, wenn man ihnen Bilder von sich selbst zuschickt, die einfach nur lustig sein sollen. Auch für Gratulationen oder die eigene Zeitung eignen sich solche lustigen Bilder viel mehr. Also, machen Sie doch einfach mal ein paar ganz, ganz doofe Fotos von sich und Ihren Lieben. Schneiden Sie nach Herzenslust Grimassen oder schminken Sie sich verrückt. Da kommen manchmal ganz erstaunliche Dinge heraus. Mit der Zeit werden Sie ein „Auge" für besondere Motive bekommen.

Das Tierfoto

Tiere können dankbare wie auch sehr mühsame Fotopartner sein. Die eigenen Haustiere halten oft gerne einmal still, wenn man sie aufs Polaroid bannen will. Eine echte Herausforderung kann es sein, wildlebende Tiere zu knipsen.

Die Bearbeitung von Fotos am PC

Digitale Bildbearbeitung am PC lässt eine Fülle von Möglichkeiten zu. Zum einen kann man unter- und überbelichtete Bilder oft retten, indem man sie aufhellt, abdunkelt oder den Kontrast verändert. Eine weitere, sehr schöne Möglichkeit ist es, nachträglich Bildausschnitte zu wählen: Man kann einen Teil des Fotos herauskopieren, vergrößern und als separates Bild abspeichern oder auf Fotopapier ausdrucken. Oft sind gerade solche Bildausschnitte viel aussagekräftiger als das Originalfoto.

Die Möglichkeiten am Computer gehen heute aber noch sehr viel weiter. Unten sind zwei Möglichkeiten gezeigt. Links das ursprüngliche Foto. In der Mitte hat das Computerprogramm automatisch nur die Umrisse festgehalten und daraus ein Bild erstellt, für das man sonst mit einem spitzen Bleistift stundenlang zeichnen müsste. Auf dem rechten Bild wurden gleichhelle Farbflächen berechnet und mit Grautönen ausgefüllt. Die Anfertigung solcher Bilder dauert am PC nur wenige Sekunden und man kann jeden Arbeitsschritt wieder rückgängig machen, wenn das Ergebnis einem nicht gefällt.

10.14 Das sprechende Bild - TEXTE ZU FOTOS

Natürlich kann man seine gesamte Fotosammlung in einem alten Schuhkarton aufbewahren, der Spaßfaktor beim Ansehen und Herumzeigen unter Freunden, Kollegen, Verwandten und Bekannten wird aber deutlich größer, wenn man die Bilder ins Album einklebt und lustige oder treffende Texte danebenschreibt. Das können Sprechblasen sein, die man den abgebildeten Personen in den Mund legt, kurze Gedichte oder einfach nur witzige Sprüche.

Auf den folgenden Seiten haben wir einige Fotos abgebildet und Ihre Aufgabe besteht darin, etwas dazu zu schreiben. Ob Sprechblase, Gedicht oder Spruch, das können Sie sich selbst ausdenken. Wie immer geben wir zunächst zwei Beispiele vor und dann sind Sie an der Reihe.

Die letzten zwei Seiten sind frei. Das liegt nicht daran, dass der Verlag zu geizig war sie zu bedrucken, sondern dort können Sie einige Ihrer eigenen Fotos einkleben und mit Texten versehen. Wenn Sie zu geizig sind, dort Ihre Fotos einzukleben, dürfen Sie aber auch ein Bild aus einer Zeitung ausschneiden und betexten.

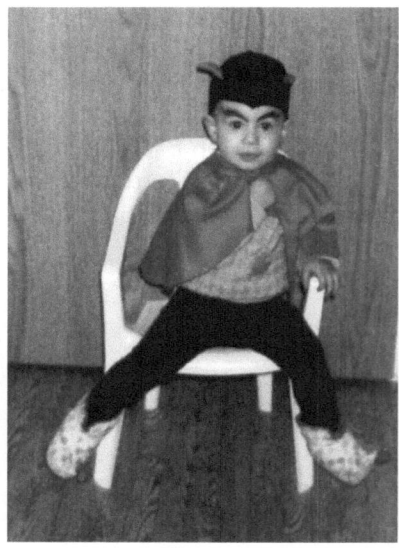

Verdammt, das Motherboard hat sich hinter dem wireless Lan verklemmt....

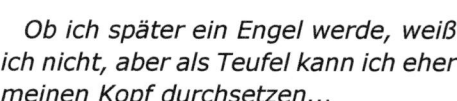

Ob ich später ein Engel werde, weiß ich nicht, aber als Teufel kann ich eher meinen Kopf durchsetzen...

11. Anhang

11.1 Wortlisten

11.1.1 Verben

abdanken, abfegen, abgeben, achten, adressieren, ahnen, aktivieren, alarmieren, angeben, angreifen, bauen, berichten, beschwören, besorgen, beten, betrachten, betteln, beugen, bezahlen, bezwingen, campen, chartern, chatten, checken, computern, cremen, cutten, dagegensetzen, dämpfen, danken, datieren, decken, dichten, dienen, drängeln, drucken, duschen, editieren, eggen, ehren, eichen, eilen, eindrücken, ejakulieren, ekeln, empfangen, empören, fahnden, fahren, falten, fehlen, fesseln, fischen, fliegen, fluchen, foltern, fotografieren, gaffen, geben, gedenken, gewinnen, gießen, glauben, gönnen, greifen, gruppieren, gurgeln, hacken, hängen, heben, helfen, hocken, holen, hören, hungern, huschen, husten, identifizieren, ignorieren, imitieren, imponieren, induzieren, inhalieren, inspirieren, interpretieren, irritieren, isolieren, jagen, jammern, jaulen, jodeln, jonglieren, jubeln, jubilieren, juchzen, justieren, kämpfen, kauen, kaufen, kehren, kichern, kicken, klagen, klären, knien, kühlen, labern, lachen, laufen, leben, lehren, loben, lochen, locken, losen, lügen, mäkeln, malen, marinieren, melken, mixen, modellieren, mogeln, motzen, murren, musizieren, nageln, nähen, naschen, necken, nehmen, nerven, nippen, nörgeln, notieren, nutzen, obduzieren, öffnen, operieren, opfern, ordnen, orientieren, outen, paaren, panieren, paradieren, parken, pennen, pfänden, pfeifen, pflücken, pinkeln planschen, quaken, quälen, qualifizieren, quatschen, quellen, queren, quetschen, quietschen, quirlen, quittieren, radeln, radieren, raffen, rasseln, raten, rauchen, reisen, rufen, rühren, rutschen, sabbern, sagen, sägen, sammeln, saufen, schielen, schlagen, schneiden, seilen, sonnen, tadeln, taktieren, tanzen, testen, ticken, toben, träumen, treffen, trennen, tropfen, üben, übertreffen, überzeugen, ulken, umarmen, umbauen, umfallen, umleiten, umsetzen, vagabundieren, variieren, vegetieren, verbalisieren, verbessern, verbinden, verbüßen, verchromen, vibrieren, vorhalten, wachen, wachsen, wägen, wählen, wandern, waschen, wässern, wehren, wiegen, wundern, zahlen, zählen, zanken, zaubern, zaudern, zeigen, zeugen, ziehen, zielen, zucken.

11.1.2 Adjektive

aggressiv, ahnungslos, aktiv, akzeptabel, albern, alt, ängstlich, anspruchslos, artig, ausfällig, banal, barfuß, beachtlich, beamtet, befriedigend, behilflich, bequem, beruflich, besessen, besonnen, chamois, charakterfest, charaktervoll, charmant, chemisch, chic, clever, cool, cremig, deckend, dekorativ, derb, deutsch, dichterisch, dick, dienstlich, diesig, dumm, durcheinander,

eckig, edel, effektiv, ehrlich, einflussreich, eklig, elastisch, emotional, euphorisch, exklusiv,
fad, fähig, fahrbar, fest, fett, feurig, fleißig, flexibel, flüchtig, frontal, galant, gammlig, ganz, genial, glaubhaft, grimmig, groß, günstig, gut, gütig, haltbar, hässlich, hektisch, heilig, herrlich, herzlich, hilflos, hoch, hörig, hurtig, ideal, identisch, idiotisch, ignorant, ikonisch, innig, inoffiziell, intakt, international, irre, jammernd, jauchzend, jubelnd, jubilierend, jung, juristisch, kahl, kalt, kaputt, klug, komisch, kräftig, kreativ, krumm, kühl, kursiv, ländlich, lang, langweilig, legal, leicht, lesbisch, lieb, lose, luftig, lustig, machtlos, majestätisch, modisch, mollig, mörderisch, multipel, mürrisch, musikalisch, muskulös, nachgiebig, nass, neblig, neidisch, nervig, neu, neugierig, niedrig, normal, nostalgisch, oben, objektiv, offen, offensichtlich, offiziell, oft, ölig, operativ, organisch, örtlich, parat, penibel, perfekt, perlig, perplex, persönlich, pfändbar, platt, praktisch, prüde, quacksalberisch, quadratisch, quälend, quer, quicklebendig, quietschend, quirlig, quitt, rabiat, raffgierig, raffiniert, ranzig, rar, rasant, reif, ruhig, rund, rutschig, sachlich, salzig, sandig, sarkastisch, sauber, säumig, scharf, schwer, simpel, süchtig, tabu, taff, täglich, taktlos, teuflisch, tierisch, tödlich, träge, traurig, treu, übel, üblich, umständlich, umstritten, unabhängig, ungerecht, ungesetzlich, ungünstig, unpässlich, unreif, vage, väterlich, vegetarisch, veränderlich, verchromt, vereint, verträglich, verzweifelt, vorbildlich, vorsichtig, wach, wählerisch, wahr, wandelbar, wehrlos, weich, weit, wendig, wertvoll, wichtig, zackig, zäh, zappelig, zauberhaft, zeitig, zerkratzt, zickig, zögerlich, zügig, zwingend,

11.1.3 Substantive

Acker, Agent, Altar, Ampel, Angel, Arm, Ast, Auge, Ausweis, Auto, Bahnhof, Ball, Banane, Baum, Besen, Bibel, Blei, Body, Bogen, Brust, Cabrio, Café, Champagner, Clip, Clown, Colt, Comic, Container, Couch, Creme, Dach, Dame, Deckel, Diskette, Dose, Draht, Droge, Drucker, Dschungel, Dynamo, Ecke, Eierkuchen, Eimer, Eis, Elefant, Engel, Erzieher, Esel, Eule, Expander, Fächer, Faden, Fahne, Fallschirm, Familie, Feder, Feuer, Flugzeug, Foto, Funke, Gabel, Galerie, Gans, Gefäß, Gehalt, Gepäck, Geschoss, Gewitter, Glocke, Gummi, Haar, Hafer, Hai, Hand, Hase, Hocker, Hölle, Huf, Hut, Hydrant, Idee, Iglu, Illusion, Imitat, Impfung, Insekt, Inspektor, Instrument, Internet, Irrgarten, Jagd, Jahr, Jalousie, Jazz, Jeep, Jet, Job, Joghurt, Joker, Junge, Kaktus, Kalender, Kapital, Kasse, Käufer, Kegel, Ketchup, Klemme, Klinik, Knie, Labor, Laden, Lager, Land, Lasso, Lehre, Licht, Loch, Lokal, Luft, Macht, Magd, Mann, Mantel, Marzipan, Maschine, Mauer, Modell, Mond, Musik, Nabel, Nacht, Nebel, Nektar, Netz, Niederschlag, Notebook, Novelle, Nummer, Nuss, Objekt, Oboe, Obst, Ofen, Ölbild, Olive, Olympia, Opfer, Organ, Ort, Paar, Papier, Parkett, Pflanze, Pilz, Planet, Plastik, Politik, Post, Programm, Quaddel, Quadrat, Qualle, Quark, Quast, Quelle, Quirl, Quittung, Quiz, Quote, Rabatt, Rad, Radar, Rasen, Rätsel, Reise, Rekord, Reserve, Rezept, Rohr, Saal, Säbel, Sack, Schaden, Schanze, Scheibe, Schild, Schleier, Sicherheit, Spiel, Tabak, Tacho, Taucher, Taxi, Teilchen, Toast, Tomate, Traube, Trommel, Tropfen, Übelkeit, Uhr, Ultimatum, Umhang, Umweg, Umwelt, Ungeziefer, Untergrund, Ursache, Ursprung, Vagabund, Vampir, Variante, Veilchen, Ventil, Venus, Verb, Video, Vieh, Vortrag, Waage, Wachs, Wahl, Wahrheit, Wald, Wand, Waschlappen, Welt, Wichtel, Wind, Zahl, Zahn, Zeiger, Zeile, Zentrum, Ziel, Zoll, Zoo, Zucker, Zwerg.

11.1.4 English words

adventure (Abenteuer), **advertisement** (Werbung), **aim** (Ziel), **angel** (Engel), **ant** (Ameise), **ape** (Affe), **apple** (Apfel), **arrow** (Pfeil), **ASAP** = as soon as possible (sofort), **ask** (fragen), **assurance** (Versicherung), **awake** (wach), **bad** (schlecht, böse), **bag** (Beutel), **battle** (Kampf), **beast** (Biest, Bestie), **beat** (schlagen), **beauty** (Schönheit), **bicycle** (Fahrrad), **bid** (bieten), **big** (riesig), **bird** (Vogel), **birth** (Geburt), **black** (schwarz), **blizzard** (Gewitter), **bride** (Braut), **bridge** (Brücke), **blue** (blau), **body** (Körper), **book** (Buch), **boot** (Stiefel), **bosom** (Busen), **bottom** (Boden), **box** (Kasten), **boy** (Junge), **brain** (Gehirn), **breast** (Brust), **build** (bauen), **building** (Gebäude), **buisy** (beschäftigt), **buy** (kaufen), **by** (bei), **call** (rufen), **car** (Auto), **cat** (Katze), **caterpillar** (Raupe), **center** (Zentrum), **chair** (Stuhl), **child** (Kind), **chimney** (Schornstein), **clever** (klug), **clock** (Uhr), **clothes** (Kleidung), **cloud** (Wolke), **cock** (Hahn, auch: Penis), **cold** (kalt), **cook** (Koch), **cool** (kühl), **cost** (Kosten), **cow** (Kuh), **crazy** (verrückt), **cry** (Schrei), **cunt** (Vagina), **cup** (Tasse), **cut** (schneiden), **danger** (Gefahr), **dark** (dunkel), **day** (Tag), **dear** (lieb), **death** (Tod), **desk** (Schreibtisch), **devil** (Teufel), **diary** (Tagebuch), **difficult** (schwierig), **disk** (Scheibe), **dog** (Hund), **doll** (Puppe), **door** (Tür), **double** (doppelt), **down** (runter), **dove** (Taube), **drop** (Tropfen), **drink** (trinken), **dry** (trocken), **duck** (Ente), **dungeon** (Kerker), **dwarf** (Zwerg), **eagle** (Adler), **ear** (Ohr), **easy** (einfach), **eat** (essen), **eternity** (Ewigkeit), **ever** (immer), **eye** (Auge), **fascination** (Faszination), **fat** (fett), **fetch** (holen), **fighter** (Kämpfer), **floor** (Flur), **flower** (Blume), **fool** (dumm), **foot** (Fuß), **for** (für), **fork** (Gabel), **french** (französisch), **from** (von), **fruit** (Frucht), **fuck** (Geschlechtsverkehr haben), **funny** (lustig), **galaxy** (Galaxie), **girl** (Mädchen), **glasses** (Brille), **good** (gut), **great** (groß), **green** (grün), **grow** (wachsen), **hairy** (haarig), **handkerchief** (Taschentuch), **heart** (Herz), **heaven** (Himmel), **heavy** (schwer), **hero** (Held), **high** (hoch), **horse** (Pferd), **hot** (heiß), **house** (Haus), **ice** (Eis), **instant** (sofort), **island** (Insel), **it** (es), **journey** (Reise), **juice** (Saft), **jump** (hüpfen), **kill** (töten), **kiss** (Kuss), **kitchen** (Küche), **knife** (Messer), **leg** (Bein), **letter** (Brief), **light** (Licht, leicht), **lion** (Löwe), **little** (klein), **live** (leben), **logic** (logisch), **long** (lang), **love** (Liebe), **low** (tief, flach), **mail** (Post), **map** (Plan, Landkarte), **meat** (Fleisch), **mind** (Verstand), **mortal** (tödlich), **mouse** (Maus), **mystery** (misteriös), **na-**

ked (nackt), **navel** (Nabel), **net** (Netz), **never** (niemals), **nice** (nett), **night** (Nacht), **no** (nein), **noise** (Geräusch), **nothing** (nichts), **number** (Nummer, Zahl), **of** (von), **on** (auf), **one** (eins), **only** (nur), **out** (aus, außerhalb), **over** (über), **owl** (Eule), **pain** (Schmerz), **paint** (malen), **pen** (Stift), **pig** (Schwein), **place** (Platz), **plane** (Flugzeug), **plant** (Pflanze), **point** (Punkt), **port** (Hafen), **power** (Kraft), **print** (drucken), **question** (Frage), **rabbit** (Kaninchen), **rain** (Regen), **red** (rot), **rest** (Ruhe), **riddle** (Rätsel), **room** (Raum), **run** (laufen), **sale** (verkaufen), **saucerer** (Zauberer), **save** (retten), **scissors** (Schere), **screen** (Bildschirm), **seat** (Sitz), **sex** (Geschlecht), **sharp** (scharf), **she** (sie), **sheep** (Schaf), **ship** (Schiff), **shirt** (Hemd), **snow** (Schnee), **shoe** (Schuh), **shop** (Geschäft), **silver** (silber), **skin** (Haut), **slaughter** (Schlachter), **sleep** (Schlaf), **slim** (schlank), **slow** (langsam), **snake** (Schlange), **soft** (weich), **soldier** (Soldat), **speed** (Geschwindigkeit), **spider** (Spinne), **spoon** (Löffel), **stair** (Stufe), **star** (Stern), **stiff** (steif), **stop** (Halt), **stormy** (stürmisch), **stranger** (Fremder), **street** (Straße), **stupid** (dumm), **subway** (U-Bahn), **suit** (passen), **sunny** (sonnig), **sweet** (süß), **sword** (Schwert), **tall** (hoch), **task** (Aufgabe Ziel), **table** (Tisch), **teacher** (Lehrer), **tear** (Träne), **teeth** (Zahn), **thief** (Dieb), **thin** (dünn), **thing** (Ding), **thunder** (Donner), **tie** (Schlips), **tired** (müde), **tongue** (Zunge), **traffic** (Verkehr), **train** (Zug), **tram** (Bahn), **tree** (Baum), **trousers** (Hosen), **the** (der, die, das), **tower** (Turm), **under** (unter), **vision** (Sehen), **walk** (gehen), **war** (Krieg), **way** (Weg), **wear** (tragen), **wet** (nass), **wheel** (Rad), **who** (wer), **whore** (Hure), **window** (Fenster), **wing** (Flügel), **witch** (Hexe), **with** (mit), **women** (Frau), **work** (arbeiten), **world** (Welt), **write** (schreiben), **why** (warum), **year** (Jahr), **yellow** (gelb), **you** (du), **young** (jung), **zero** (Null), **zip** (Reißverschluss).

11.2 Berufesbezeichnungen

- Altenpfleger, Anlagenmechaniker, Anwalt, Archivassistent, Arzthelfer, Asphaltbauer, Aufbereitungsmechaniker, Augenoptiker, Ausbaufacharbeiter, Automobilkaufmann, Automobilmechaniker,
- Bäcker, Backofenbauer, Bankkaufmann, Baugeräteführer, Baustoffprüfer, Beamter, Bergmechaniker, Berg- und Skiführer, Bergvermessungstechniker, Berufsflugzeugführer, Berufskraftfahrer, Bestatter, Betonfertigteilbauer, Betriebswirtschaftler, Binnenschiffer, Biologielaborant, Biologisch-technischer Assistent, Bodenleger, Bogenmacher, Bootsbauer, Böttcher, Brenner, Brauer, Brunnenbauer, Buchbinder, Buchhändler, Büchsenmacher, Bühnenmaler, Bürokaufmann, Bürsten- und Pinselmacher, Busfahrer,
- Chemielaborant, Chemiker, Chirurg, Chirurgiemechaniker,
- Dachdecker, Damenschneider, Dekorvorlagentechniker, Denkmaltechniker, Diakon, Diamantschleifer, Diätassistent, Dolmetscher, Drechsler, Dreher, Drogist, Drucker,

- Edelmetallprüfer, Edelsteinschleifer, Eisenbahner, Elektroinstallateur, Elektromechaniker, Elektromonteur, Energieelektroniker, Ergotherapeut, Erzieher, Eurofremdsprachenkorrespondent,
- Fachverkäufer, Fahrlehrer, Fassadenmonteur, Feinmechaniker, Film- und Videoeditor, Fischwirt, Fleischer, Fliesenleger, Florist, Flugbegleiter, Flugzeugführer, Forstwirt, Fotodesigner, Fotograf, Fräser, Friseur, Fremdsprachenkorrespondent, Fußpfleger,
- Gärtner, Gebäudereiniger, Geigenbauer, Gerber, Gerüstbauer, Gießereimechaniker, Glasbläser, Glaser, Gleisbauer, Goldschmied, Grafikdesigner, Gynäkologe,
- Hafenschiffer, Hauswirtschaftler, Hebamme, Heilpraktiker, Herrenschneider, Holzbearbeitungsmechaniker, Holzbildhauer, Hotelfachmann, Hufschmied,
- Industrieelektroniker, Industriekaufmann, Industriemechaniker, Informatiker, Innenarchitekt, Internist,
- Jäger, Journalist,
- Kälteanlagenbauer, Kameramann, Kanalbauer, Karosserie- und Fahrzeugbauer, Kartograph, Kaufmann, Kellner, Keramiker, Kindergärtnerin, Klempner, Koch, Kommunikationselektroniker, Komponist, Konditor, Konstruktionsmechaniker, Korbmacher, Kosmetiker, Krankenschwester, Kürschner,
- Landwirt, Lehrer, Logopäde,
- Maler, Maskenbildner, Masseur, Maurer, Mechatroniker, Mediendesigner, Metallbauer, Modedesigner, Model, Modellbauer, Moderator, Müller,
- Notar, Neurologe,
- Offizier, Orthopäde,
- Parkettleger, Pastor, Pelzveredler, Pferdewirt, Pharmakologe, Physiotherapeut, Prostituierte, Psychotherapeut, Pilot, Polizist, Postverkehrskaufmann, Produktgestalter,
- Raumausstatter, Rechtsanwalt, Redakteur, Regisseur, Reporter, Restaurantfachmann, Rettungsassistent, Richter, Rohrleitungsbauer,
- Sänger, Sattler, Schauspieler, Schirmmacher, Schleifer, Schmied, Schneider, Schornsteinfeger, Schriftsetzer, Schuhmacher, Segelmacher, Sekretär, Sozialarbeiter, Spielzeughersteller, Steinmetz, Stuckateur,
- Tankwart, Tänzer, Technischer Zeichner, Tierarzt, Tierpfleger, Tischler, Tontechniker, Türsteher,
- Uhrmacher, Urologe,
- Verfahrensmechaniker, Verkäufer, Vermessungstechniker, Versicherungskaufmann, Verwaltungsfachangestellter,
- Webdesigner, Weber, Weinküfer, Werbekaufmann, Werkzeugmacher, Winzer,
- Zahntechniker, Zerspanungsmechaniker, Zimmerer, Zweiradmechaniker

11.3 Länder

Afrika:

Ägypten, Algerien, Angola, Äquatorial-Guinea, Äthiopien, Azoren, Benin, Bostawa, Burkina Faso, Burundi, Dschibuti, Elfenbeinküste, Eritrea, Gabun, Gambia, Ghana, Guinea, Guinea-Bissau, Israel, Kamerun, Kenia, Komoren, Kongo, Lesotho, Libanon, Liberia, Libyen, Madagaskar, Malawi, Mali, Marokko, Mauretanien, Mauritius, Mosambik, Namibia, Niger, Nigeria, Reunion, Ruanda, Sahara, Sambia, Senegal, Seychellen, Sierra Leone, Somalia, Südafrika, Sudan, Swasiland, Tansania, Togo, Tschad, Tunesien, Uganda, Zentralafrikanische Republik, Zimbabwe.

Amerika:

Anguilla, Antigua/Barbuda, Argentinien, Aruba, Bahamas, Barbados, Belize, Bermuda, Bolivien, Brasilien, British Virgin Islands, Cayman-Inseln, Chile, Costa Rica, Curacao, Dominica, Dominikanische Republik, Ecuador, El Salvador, Frankland Inseln, Grenada, Guadeloupe, Guatemala, Guyana, Haiti, Honduras, Jamaika, Kanada, Kolumbien, Kuba, Martinique, Mexiko, Montserrat, Nicaragua, Panama, Paraguay, Peru, Puerto Rico, Saint Kitts/Nevis, Saint Lucia, Saint Vincent, Suriname, Trinidad/ Uruguay, USA, Venezuela

Asien:

Afghanistan, Armenien, Aserbaidschan, Bahrain, Bali, Bangladesh, Bhutan, Borneo, Brunei, Burma, China, Indien, Indonesien, Irak, Iran, Japan, Jemen, Jordanien, Kambodscha, Kasachstan, Katar, Kirgisistan, Kuwait, Laos, Malaysia, Malediven, Mongolei, Nepal, Nordkorea, Oman, Pakistan, Philippinen, Saudi-Arabien, Singapur, Sri Lanka, Südkorea, Syrien, Tadschikistan, Taiwan, Thailand, Tibet, Turkmenistan, Usbekistan, Vereinigte Arabische Emirate, Vietnam,

Europa:

Albanien, Andorra, Belgien, Bosnien-Herzegowina, Bulgarien, Dänemark, Deutschland, Estland, Finnland, Frankreich, Georgien, Griechenland, Großbritannien, Holland, Irland, Island, Italien, Jugoslawien, Kosovo, Kroatien, Lettland, Liechtenstein, Litauen, Luxemburg, Makedonien, Malta, Moldawien, Monaco, Niederlande, Norwegen, Österreich, Polen, Portugal, Rumänien, Russland, San Marino, Schottland, Schweden, Schweiz, Slowakei, Slowenien, Spanien, Tschechische Republik, Türkei, Ukraine, Ungarn, Vatikan, Weißrussland, Zypern,

11.4 Reimhilfen

-ab: gab, Grab, Knab', Lab, Stab

-abe: Gabe, Gehabe, Getrabe, Habe, Knabe, Nabe, Rabe, Schwabe, Wabe, Rabe

-abel: Babel, Fabel, Gabel, Kabel, Nabel, passabel, Schnabel, spendabel, variabel

-aben: begaben, begraben, erhaben, Gaben, Graben, haben, Knaben, traben, laben

-abend: Abend, hochtrabend, labend, trabend, wohlhabend

-aber: aber, Gelaber, Inhaber, Liebhaber, Traber

-abt: begabt, gehabt, gelabt, trabt

-ach: Ach, Bach, Dach, Fach, Krach, ich lach, Schach, wach

-ache: Drache, entfache, lache, Mache, Rache, Sache, Wache

-ächen/-echen: Bächen, blechen, bestechen, brechen, Flächen, Gebrechen, stechen, zechen

-ächer: Dächer, Fächer, Rächer, schwächer

-acher: lacher, Kracher, Lacher, Macher, Schwacher, Spaßmacher

-achs/-acks: Dachs, Knacks, Flachs, Lachs, Wachs, zerhack`s

-acht: acht, angefacht, ausgelacht, Bedacht, bewacht, gemacht, lacht, Macht, Nacht

-achtet: ausgeschlachtet, entmachtet, geachtet, verfrachtet, trachtet

-achtung: Achtung, Entmachtung, Schlachtung, Übernachtung, Verpachtung

-acken: hacken, knacken, packen, Nacken, piesacken, sacken, verknacken, Zacken

-acker: Acker, Hosenkacker, Macker, Packer, wacker, Racker

-ad/-at: Akkurat, Bad, Diktat, fad, Draht, Grad, Inserat, Karat, Mandat, parat, Pfad

-ade: Ballade, Blockade, Fassade, Lade, Made, Parade, schade, Schokolade, Wade

-aden: baden, Faden, Laden, Gnaden, entladen, Schaden, Fladen

-aff: baff, Kaff, Pfaff, ich raff, Schaff, straff

-aften: gafften, haften, Leidenschaften, tugendhaften, verkraften

-ag: Beschlag, Betrag, frag, lag, mag, Schlag, Tag, vermag, Vertrag, zag

-age: Frage, Gelage, Lage, Plage, Sage, Tage, Trage, vage, zage, Bagage, Bandage, Blamage, Courage, Etage, Gage, Karambolage, Massage, Page

-agen: Abschlagen, antragen, Behagen, Betragen, entsagen, jagen, klagen, nagen

-ägen: lägen, Mägen, prägen, Schlägen, sägen, wägen

-agend: beklagend, fragend, nichts sagend, wehklagend, weittragend

-ager: Ansager, Frager, hager, Jasager, Lager, mager, Schlager, Schwager, Versager

-äglich: einträglich, erträglich, kläglich, nachträglich, täglich, unsäglich, unzuträglich

-agt: behagt, betagt, gefragt, gejagt, gesagt, Jagd, Magd, tagt, tragt

-ah: beinah, geschah, hurra, Kamera, Mama, nah, sah, Utopia

-äh: mäh, Näh`, Porträt, zäh

-ähe: geschähe, Krähe, jähe, Nähe, Pygmäe, Trophäe, zähe

-ak/-ack: Anorak, Geschmack, Frack, Lack, Sack, Schabernack

-ake: Bake, Gequake, Kanake, Kloake, Krake, Lake, quake, Schnake

-aktisch: didaktisch, faktisch, galaktisch, praktisch, prophylaktisch, taktisch

-al: Aal, banal, egal, fatal, global, ideal, Journal, kahl, loyal, mal, neutral, Qual

-alben: Alben, halben, kalben, salben, Schwalben

-älle/-elle: Bälle, Delle, Gefälle, Novelle, Pelle, Schnelle, Ställe, Tabelle, Welle, Zelle

-alle: alle, Falle, Halle, Galle, Koralle, Geknalle, Qualle, Schnalle

-alt: Alt, bald, Erhalt, geballt, halt, Gestalt, kalt, Spalt, verhallt, verknallt

-alten: falten, galten, halten, vorhalten, schalten, spalten, verwalten, entgalten

-am: Am, Damm, Bräutigam, Gramm, Kamm, Lamm, Schlamm, Schwamm, Stamm

-amen: Amen, bekamen, besamen, Damen, entkamen, entnahmen, erlahmen, Examen

-ammer: Hammer, Jammer, Kammer, Klammer, strammer

-ampe: Krampe, Lampe, Rampe, Schlampe, Schlampampe, Wampe

-ampel: Ampel, Gehampel, Gestrampel, Trampel

-an: an, Bann, daran, begann, Hampelmann, kann, man, Muskelmann, Spann

-an: Blödian, Dekan, Enzian, Fasan, getan, Plan, Rodelbahn, spontan, untertan

-änder/-ender: Bänder, Geländer, Gewänder, Kalender, Länder, Pfänder, Sender, Spender

-ändlich/-endlich: ländlich, kenntlich, schändlich, unendlich, unkenntlich, verständlich

-ane: ahne, Banane, Fahne, Karawane, Plane, Sahne, Ottomane, Schikane

-ang: Klang, Notausgang, Rang, sang, Strang, Überschwang, Zwang

-ängel/-engel: Bengel, Gedrängel, Engel, Mängel, Schwengel, Stängel

-anisch: botanisch, germanisch, mechanisch, organisch, satanisch, vulkanisch

-ank: Bank, blank, dank, Gestank, Zank, krank, sank, Schrank, Schwank, Zank

-annt: bekannt, bemannt, Bestand, Brand, brillant, charmant, Elefant, galant, Hand

-antisch: atlantisch, dilettantisch, gigantisch, komödiantisch, pedantisch, romantisch

-anz: Ambulanz, Arroganz, Diskrepanz, Distanz, ganz, Kranz, Schwanz, Tanz

-appe: Attrappe, Etappe, Kappe, Klappe, Mappe, Pappe, Schlappe

-ar: Altar, Bar, offenbar, Bazar, dar, fahr, gar, Haar, Jahr, klar, Paar, rar, Schar

-är: fair, familiär, gewähr, leger, ordinär, populär, Reaktionär, regulär, Sekretär

-ärchen: Bärchen, Härchen, Jährchen, Lärchen, Märchen, Pärchen, pferchen

-äre/-ere: Affäre, Ähre, Barriere, Fähre, Karriere, Misere, Premiere, Voliere

-art: Art, Bart, behaart, bejahrt, Fahrt, offenbart, gespart, verwahrt, zart

-as: As, Ananas, blass, das, Erlass, fass, Hass, nass, Pass, Verlass, verprass, was

-ase: Base, Blase, Ekstase, Gase, Hase, Nase, Oase, Phase, rase, Vase

-asse: Asse, Brasse, Gasse, hasse, hinterlasse, Insasse, Kasse, Masse, Rasse, Tasse, Terrasse

-ast: Ast, Bast, Gast, fast, erblasst, gehasst, Knast, Mast, Palast, rast, verfasst, verprasst

-aster: Aster, Desaster, Knaster, Laster, Pflaster, Raster, Taster, verpasster, Zaster

-ät: Diät, Gerät, spät, Bestialität, Elastizität, Identität, Majestät, Qualität

-atisch: apathisch, aromatisch, autokratisch, demokratisch, klimatisch, statisch

-atte: Debatte, ermatte, Gatte, Krawatte, Matte, Platte, Ratte, Watte

-ätzen/-etzen: ätzen, besetzen, fetzen, hetzen, netzen, petzen, schätzen, schwätzen, wetzen

-atzen: Batzen, kratzen, patzen, schmatzen, Tatzen, verpatzen platzen

-au: au, Bau, flau, Frau, genau, grau, lau, Sau, Radau, Pfau, Stau, Rau, ich schau

-äuche/-euche: Bäuche, Bräuche, Gekeuche, Geräusche, Schläuche, Seuche

-auchen: brauchen, fauchen, hauchen, schmauchen, jauchen, rauchen, stauchen, tauchen

-äumen: Bäumen, räumen, säumen, schäumen, versäumen, träumen, zäumen

-aut: abgeflaut, bebaut, Kraut, Braut, saut, Haut, laut, traut, zerkaut

-av/-af: Biograf, brav, Graf, konkav, Paragraph, Schlaf, Schaf, Telegraf

-ben: beben, erleben, schweben, geben, soeben, heben, kleben, leben, neben, streben

-dung: Brandung, Landung, Gewandung, Umrandung, Waldung

-echlich/-ächlich: gebrechlich, hauptsächlich, oberflächlich, tatsächlich, zerbrechlich

-echt: echt, Gefecht, gerächt, Hecht, Knecht, kunstgerecht, schlecht, Specht, zu recht

-eck/-eg: Besteck, Deck, Dreck, Eck, Fleck, Gebäck, Heck, hinweg, leck, weg

-ee/-eh: Allee, Armee, Bankier, Budget, Dreh, Fee, Gelee, juchhe, Klee, Orchidee, weh

-egen: Degen, fegen, wegen, Segen, hinlegen, Kollegen, pflegen, Regen, wegen

-ehren: beehren, begehren, bescheren, beschweren, kehren, mehren, wehren, zehren

-ei: bei, Blei, frei, Hai, Geweih, Kanzlei, Eifersüchtelei, Mai, Papagei, Polizei, Hexerei

-eiben: bleiben, reiben, schreiben, treiben, einverleiben

-eich: Bereich, bleich, Deich, gleich, reich, Streich, Teich, weich

-eid/-eit: bereit, breit, Eid, Geleit, Befangenheit, Gegebenheit, Besonderheit, Einigkeit

-eidung: Bekleidung, Scheidung, Vermeidung, Überschneidung

-eien: befreien, entzweien, freien, gedeihen, leihen, schreien, verzeihen, weihen

-eigen: abzweigen, eigen, Feigen, schweigen, steigen, verneigen, zeigen

-eilen: eilen, feilen, heilen, keilen, Meilen, seilen, teilen, weilen, ereilen

-eim: beim, geheim, Keim, Leim, Reim, Schleim

-ein: ein, Bein, allein, kein, dein, rein, fein, gemein, Schein, sein, Schrein, Verein

-eis: Beweis, Eis, Fleiß, Gleis, Kreis, Mais, Naseweis, Preis, Reis, Schweiß

-eißen: beißen, gleißen, heißen, reißen, kreißen, schmeißen, schweißen, weißen

-ekt: Affekt, Aspekt, aufgeweckt, erschreckt, Insekt, Objekt, Konfekt, Sekt, Respekt

-em: dem, angenehm, bequem, Diadem, Emblem, Lehm, Problem, System, Poem

-ennen: Antennen, bekennen, brennen, nennen, pennen, rennen, trennen

-ent: Advent, Agent, Akzent, Dokument, Experiment, Kompliment, Moment, Talent

-enz: Abstinenz, Differenz, Essenz, Impotenz, Lenz, Residenz, Tendenz, vollends

-haft: dauerhaft, ehrenhaft, fabelhaft, gewissenhaft, launenhaft, mangelhaft, rätselhaft

-ion: Adoption, Aktion, Depression, Explosion, Funktion, Illusion, Legion, Mohn, schon

-iv/-if: Aktiv, Brief, impulsiv, massiv, naiv, positiv, relativ, schief, Tarif, tief

-sam: arbeitsam, lobesam, mitteilsam, unbeugsam, unduldsam, wundersam

11.5 Lösung von Seite 20

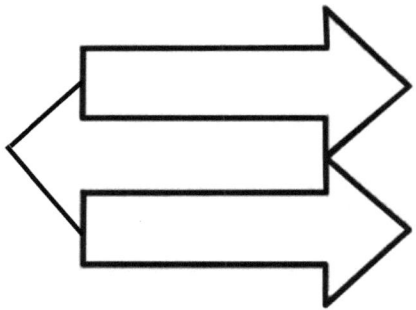

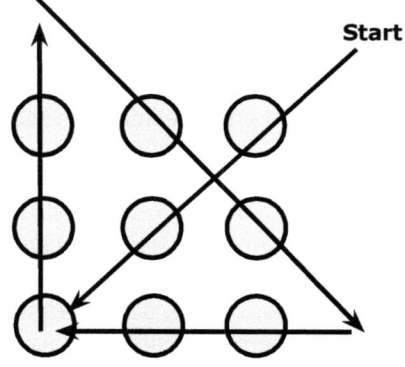